LE JOUR
OÙ LA LUMIÈRE
REVIENDRA

Catalogage avant publication de Bibliothèque et Archives Canada

Gaboury, Placide

Le jour où la lumière reviendra

(Collection Spiritualité)

ISBN 2-7640-1081-8

1. Vie spirituelle. 2. Religion et civilisation. I. Titre. II. Collection.

BL624.G323 2006   204'.4   C2006-940337-6

LES ÉDITIONS QUEBECOR
Une division de Éditions Quebecor Média inc.
7, chemin Bates
Outremont (Québec)
H2V 4V7
Tél.: (514) 270-1746
www.quebecoreditions.com

© 2006, Les Éditions Quebecor
Bibliothèque et Archives Canada

Éditeur: Jacques Simard
Conception de la couverture: Bernard Langlois
Illustration de la couverture: Veer
Révision: Francine St-Jean
Correction d'épreuves: Jocelyne Cormier
Conception graphique: Jocelyn Malette
Infographie: Claude Bergeron

Nous reconnaissons l'aide financière du gouvernement du Canada par l'entremise du Programme d'aide au développement de l'industrie de l'édition (PADIÉ) pour nos activités d'édition.

Gouvernement du Québec – Programme de crédit d'impôt pour l'édition de livres – Gestion SODEC.

Imprimé au Canada

PLACIDE GABOURY

LE JOUR OÙ LA LUMIÈRE REVIENDRA

LES ÉDITIONS
Quebecor
QUEBECOR MEDIA

*Pour ceux
qui préparent déjà
la nouvelle famille humaine.*

Introduction

Pendant que j'écrivais *L'émerveillement*[1], qui illustre la grande sagesse des petits, j'étais intrigué par certains éléments. Ce qui me frappait tout d'abord, c'était le fait que la sagesse se trouvait plutôt au début de la vie qu'à la fin, c'est-à-dire que les enfants non dénaturés, étant plus près de la Source, en conservaient les inspirations, qui souvent se perdaient avec l'âge et les soucis.

Le deuxième sujet d'étonnement, c'était qu'en évoquant leur moment d'éveil en tant qu'enfants, les adultes reconnaissaient que cet événement avait changé toute leur vie. Cela indiquait que l'énergie et l'intelligence du début de la vie pouvaient durer jusqu'à la fin, si l'adulte prenait soin de les nourrir et d'en vivre.

La troisième chose qui me frappait, c'était que le temps semblait être cyclique – que l'enfance revenait chez la personne âgée si celle-ci s'éveillait au monde invisible qui l'habitait. C'est comme si le commencement était présent jusqu'à la fin, et qu'à un certain niveau, fin et commencement se rejoignaient et s'éclairaient mutuellement.

Cela me rappelait les paroles de deux écrivains – T. S. Eliot et Marguerite Yourcenar. Le premier écrit dans un de ses plus beaux poèmes[2], «Le temps futur est contenu dans le temps passé», ce qui illustre bien mon premier étonnement: que la sagesse appartenant normalement à la vieillesse se trouvait en fait dans l'enfance. Autrement dit, «Dans mon commencement se trouve ma

---

1. Éditions Quebecor, 2005.
2. *Four Quartets* (1935-1942).

fin », un vers tiré du même poème et qui dit la même chose, mais d'un autre point de vue.

Mais le dernier vers que je vais citer évoquait une leçon d'un tout autre niveau :

« La fin de toute notre recherche
Sera d'arriver où nous avions commencé
Et de connaître la place pour la première fois. »

On pourrait même dire que ce passage résume en quelque sorte le contenu du présent livre. En somme, ce dont parle le poète, c'est du temps cyclique – c'est-à-dire finalement de l'éternité. Il est non seulement question de ce qui revient toujours au point de départ, mais de ce qui contient à la fois le point de départ (le commencement) et le point d'arrivée (la fin).

Mais c'est la grande Marguerite Yourcenar qui éclaire le mieux notre propos. Un jour, en interview, on lui demande quel est son âge. Hésitant un peu, elle finit par dire : « Je n'ai pas d'âge... ou si j'en ai un, ce serait l'enfance – l'éternité et l'enfance[3]. »

Voilà : l'enfance encore tout imprégnée de la lumière dont elle émerge et qu'elle rayonne innocemment ; l'enfance où tous les temps – passé, présent et avenir – sont secrètement enroulés, comme une semence qui contient déjà tout l'arbre. L'enfance qui est en quelque sorte dans l'éternité.

À l'époque où le livre sur les enfants est paru, je travaillais déjà sur un autre, *Les compagnons du ciel,* un compte rendu des contacts que j'ai eus pendant plus de deux ans avec des êtres de lumière. Ce qui m'étonnait dans ces recherches, c'est que je découvrais justement que le passé et l'avenir étaient toujours dans le présent : des êtres comme Socrate (il y a 2500 ans) et François d'Assise (800 ans) côtoyaient des contemporains que j'avais connus et qui étaient passés dans la lumière. J'étais ainsi en communion avec un ensemble d'êtres à la fois en dehors du temps et présent dans mon temps, et jusque dans ma chambre !

---

3.   *Les yeux ouverts*, Paris, Éditions du Centurion, 1980, p. 25.

Au cours de la rédaction des *Compagnons*, sans vraiment savoir pourquoi[4], j'avais été attiré par l'art égyptien dont la beauté et la grandeur me fascinaient – au point d'en tapisser mes murs. Or, je retrouvais dans ces visages et ces peintures des traits et des évocations tout à fait de notre temps. Comme si la vérité de la parole du poète, «Dans mon commencement se trouve ma fin», me sautait aux yeux comme une évidence. Je me rendais compte que ces têtes sculptées et ces peintures murales étaient plus près de moi que la statuaire grecque, pourtant si valorisée dans notre culture. Ces visages me regardaient comme s'ils étaient de mon temps, comme si je pouvais les croiser familièrement en faisant une promenade le soir.

Par ailleurs, dans un tout autre domaine, j'avais beaucoup écrit sur la mentalité contemporaine – sur l'importance exagérée de la science, l'emprise excessive de la technologie et la perte de la vie intérieure au profit du matérialisme. Or, maintenant, avec tout ce que je voyais de noblesse d'âme, d'élévation spirituelle, de beauté accomplie, chez les anciens Égyptiens, j'étais fortement secoué par l'abîme qui nous séparait. En regardant mon époque, je me disais: «Comment a-t-on pu descendre si bas? Qu'avons-nous fait pour perdre tout cela?»

C'est alors que je me suis plongé à fond dans l'ancienne Égypte. Simultanément, des livres sur la sagesse perdue, le temps cyclique, les catastrophes annonçant un renouveau, m'arrivaient si facilement que j'y voyais l'intervention évidente des êtres de lumière. Ainsi, à travers livres, images, mémoires cachées et rêves, je me suis rendu à la source. Je rentrais dans l'enfance de l'humanité – «l'enfance et l'éternité» de Mme Yourcenar. Ou comme le disait le poète, j'allais «Arriver où nous avions commencé».

En même temps que les livres sur mon nouveau sujet me parvenaient, souvent mystérieusement du reste, le bâtisseur de la première pyramide, le sage Imhotep auquel j'avais pensé en parcourant l'architecture égyptienne, me contacta un jour à travers la médium, sans doute attiré par ma ferveur pour l'Égypte. Or, cet homme avait

---

4. Mais je l'ai compris plus tard, étant donné que tout est *orchestré* en notre faveur quand on accepte d'être un *instrument*.

vécu sur terre il y avait près de 5000 ans, et pourtant, il se trouvait là avec tous les autres appartenant à différentes époques ! C'est donc à ce moment que j'ai compris la direction définitive qu'allait prendre mon travail.

Sous la guidance de ces compagnons de lumière, j'allais écrire un livre où serait tout d'abord évoquée notre déchéance actuelle, suivie de la grandeur de la civilisation primordiale (l'Égypte), pour enfin montrer, à partir de ces deux éléments, que la seule façon pour nous de retrouver la paix, l'harmonie et la santé spirituelle – de guérir en même temps que notre mère la terre – sera de redécouvrir l'invisible, l'âme, la présence divine en nous et en toutes choses. De rentrer dans l'enfance – dans la conscience qu'avait l'humanité à son enfance.

Le livre allait donc s'articuler sur cinq points : je situerais l'ensemble sur une toile de fond universelle, en présentant tout d'abord *le temps cyclique*, c'est-à-dire l'humanité qui naît, se détruit et sans cesse recommence après chaque destruction ; du même coup, je montrerais que *la sagesse se trouve au début de la civilisation*, et non aujourd'hui ; et que *cette même sagesse diminue graduellement à chaque époque*, jusqu'à se perdre ; je rappellerais ensuite que *tout ce qui arrive aujourd'hui a déjà été prédit* ; et finalement, je ferais voir que *la destruction imminente de notre monde est la condition pour que surgisse une nouvelle humanité*, purifiée, harmonieuse et spirituelle.

C'est ici qu'entre en scène notre modèle du monde déchu et régénéré, dans la personne de Ned Dougherty. Mystérieusement, *La revue de l'au-delà* me fut envoyée de France, contenant, entre autres, des articles sur le livre de cet Américain qui avait vécu une mort apparente (NDE). Après celle-ci, ce milliardaire dissolu revient à la vie, complètement transformé du noceur cocaïnomane qu'il était, en homme libéré, conscient de son destin spirituel et décidé à remplir sa mission : réveiller les gens à leur conscience spirituelle.

Or, l'exemple de Ned s'inscrivait parfaitement dans la vision des anciens Égyptiens. Car si mon livre était axé sur les gens de cette civilisation, comme point de départ de toute sagesse – « la grande sagesse de l'enfance de l'Homme » –, il montrait surtout qu'il nous fallait retrouver la conscience spirituelle qui les animait, si on voulait reprendre possession de notre âme. *L'Égypte était un point de départ, mais c'était surtout un point d'arrivée –* un idéal à reconnaître, à réintégrer, à vivre. Et notre ami Ned, en émergeant totalement transformé de son cloaque moral, représentait éminemment l'humanité actuelle qui, dans sa déchéance, devra passer à travers une purification pour s'éveiller ensuite en nouveau-né. Comme si l'on «découvrait la place pour la première fois», disait le poète.

Voici maintenant les livres qu'il m'a été donné de trouver pour accomplir cette tâche :

- CAYCE, Edgar. *Visions de l'Atlantide*, Paris, Éditions J'ai Lu, 1973.

- COTTERELL, Arthur. *Encyclopédie illustrée des mythes et légendes du monde*, Paris, Éditions Solar, 1990.

- DANIÉLOU, Alain. *Le destin du monde d'après la tradition shivaïte*, Paris, Albin Michel, 1992.

- DOUGHERTY, Ned. *Voie express pour le paradis*, Paris, Le jardin des livres, 2004.

- ECO, Umberto et Stephen Jay GOULD. *Conversations About the End of Time (Conversations sur la fin des temps)*, London, Penguin Books, 1999.

- ÉLIADE, Mircéa. *Le mythe de l'éternel retour*, Paris, Gallimard, 1949.

- ENEL, Thierry. *Le Message du Sphinx*, Paris, Éditions Arka, 1998.

- ENEL, Thierry[5]. *Le mystère de la vie et de la mort d'après l'enseignement des temples de l'ancienne Égypte*, Paris, Éditions Maisonneuve et Larose, 1985.

---

5. Thierry Enel, de son vrai nom Michel Vladimirovitch Skariatine (1883-1963), né à Alexandrie, a passé 20 ans en Égypte à étudier en profondeur cette tradition.

- HÉRY, François-Xavier et Thierry ENEL. *Animaux du Nil, animaux de Dieu*, Aix-en-Provence, Édisud, 1993.

- HÉRY, François-Xavier et Thierry ENEL. *La bible de pierre: l'alphabet sacré de la grande pyramide*, Paris, Robert Laffont, 1990.

- JACQ, Christian. *La sagesse égyptienne*, Monaco, Éditions du Rocher, 1981.

- JACQ, Christian. *Le voyage dans l'autre monde selon l'Égypte ancienne*, Monaco, Éditions du Rocher, 1986.

- KÜBLER-ROSS, Élisabeth. *Mémoires de vie, mémoires d'éternité*, Paris, J. C. Lattès, 1997.

- *La revue de l'au-delà*, n° 80, mars 2004.

- LAFFONT, Elisabeth. *Les livres de sagesses des pharaons*, Paris, Gallimard, 1979.

- NEUBERT, Otto. *La Vallée des Rois*, Paris, Laffont, 1954.

- SCHWALLER, R. A. *Sacred Science (La science sacrée)*, Rochester (Vermont), Inner Traditions Intl., 1988.

- STEINER, Rudolf. *Mythes et mystères égyptiens*, Paris, Éditions Triades, 1997.

- THOMAS, Lewis. *We Are Not the First (Nous ne sommes pas les premiers)*, London, Putnam, 1971.

- WILSON, Colin. *From Atlantis to the Sphinx: Recovering the Lost Wisdom of the Ancient World (De l'Atlantide au Sphinx: recouvrir la sagesse perdue du monde ancien)*, Boston, Weiser Books, 1996. D'emblée le livre le plus éclairant, juste et complet qu'on m'a fait découvrir.

Première partie

La sagesse est au commencement

Chapitre 1

L'éternel retour
n'est pas un mythe

Nous n'avons pas été là depuis très longtemps.
La race humaine est très jeune – quelque 200 000 ans.
Et au point de vue culturel, nous n'avons
guère plus de 5000 ans[6].

Stephen Jay Gould [7]

La sagesse perdue

Il y a quelque 5000 ans naissait la civilisation. L'homme d'alors jetait sur le monde et le temps un regard empreint de sérénité, de grandeur et de générosité. Or, c'est l'Égypte qui a porté le flambeau de la civilisation primordiale. Et comme nous le verrons au cours de cet essai, celle-ci, par son élévation spirituelle, sa conscience de l'éternité, sa maîtrise de la matière et son art qui ne sera jamais égalé au cours des siècles, s'est maintenue dans sa forme première pendant 3000 ans. Mais si elle fut la plus grande, elle ne fut pas la

6. « Time Scales and the Year 2000 », in *Conversations About the End of Time*, p. 17.
7. La plus grande autorité actuelle en matière d'évolution.

seule. La source cachée et mystérieuse de cette civilisation allait également ensemencer l'Inde, l'Assyrie et, plus tard, les Aztèques.

L'ancienne Égypte était fondée sur la conviction que l'homme vivait éternellement dans son âme et que tout sur terre était là pour l'aider à réaliser ce destin. C'était un peuple vivant en harmonie avec la nature, où il savait lire les messages divins de générosité, de beauté, d'équilibre et de vitalité éternellement renouvelée. Cette vision spirituelle est très bien résumée dans le *Papyrus d'Anana*, écrit par le vizir du pharaon Séti II, quelque 1320 ans avant notre ère : «Lisez, ô enfants de l'avenir, et apprenez les secrets de ce passé qui pour vous est si lointain, et qui est cependant, en vérité, si proche! Notre religion nous enseigne que nous vivons éternellement. Or, l'éternité, n'ayant point de fin, ne peut avoir non plus de commencement : c'est un cercle. C'est pourquoi, si nous vivons à jamais, nous avons toujours vécu[8]. Ma foi m'enseigne que la vie ne se termine pas avec la mort, et que par conséquent, l'amour, étant l'âme de la vie, doit nécessairement durer aussi longtemps que dure la vie. [...] L'homme vient à l'existence de nombreuses fois, mais il ne sait rien de ses vies passées, sauf lorsqu'un rêve ou une intuition lui rappelle quelque situation d'une précédente incarnation[9].»

Une vision de la vie très proche de l'égyptienne fut également élaborée par les sages de l'Inde – les *rishis* – de l'époque védique, qui correspond à la période des grandes pyramides égyptiennes : «Il n'est pas vrai que tu mourras un jour. C'est une peur sans cause. Seul le corps a commencement et fin. Tu es au-delà du corps, et plus grand que lui. Il n'est pas de mort pour toi. Tu es immortel, non comme la semence vivant dans l'arbre, non comme un homme vit dans ses enfants et les enfants de ses enfants, mais dans ton

---

8. Comme le dira Maître Eckhart au XIVe siècle : «Dans l'être de Dieu, j'étais, là je me suis voulu et je savais que je créais la personne que je suis. Aussi suis-je non-né et donc je ne puis mourir.»

9. Cité par Thierry Enel, *Le mystère de la vie et de la mort d'après l'enseignement des temples de l'ancienne Égypte*, Paris, Éditions Maisonneuve et Larose, 1985. Plusieurs sages occidentaux ont perçu l'Univers comme éternel et l'âme humaine comme incréée : Maître Eckhart, Giordano Bruno, Baruch Spinoza, Rudolf Steiner, Georges Gurdjieff.

âme comme distincte du corps – distincte comme le feu l'est du bois qui brûle. Car cette âme distincte du corps est sans naissance et sans mort[10].» «Chaque âme s'incarne jusqu'à ce qu'elle se reconnaisse Dieu[11].»

Je reviendrai longuement sur la civilisation égyptienne dans les prochains chapitres. Mais présentement, il sera surtout question de montrer que la tradition ancienne tenait pour évident que le temps était cyclique, comme nous le montrent la vie de la nature et les mouvements de l'Univers planétaire. Cette vision intégrait la mort comme élément de croissance, comme la condition même d'une survie – d'un surcroît de vie. Alors que le temps linéaire percevra la vie comme une progression matérielle qui ignore complètement la mort: il verra donc l'éternité dans un progrès matériel continu, et ce sera justement cela qui lui fera échec.

Les retours éternels dans la tradition de l'Inde

C'est l'Inde qui va nous fournir l'exposé le plus clair d'un temps cyclique, c'est-à-dire du retour éternel des choses. En effet, selon les sages de l'Inde, l'âge d'or – le premier de quatre – était le temps où l'homme vivait dans un monde paradisiaque. C'est à ce monde que les humains des âges suivants rêveront, à mesure qu'ils s'en éloigneront. Et c'est aujourd'hui seulement, une fois arrivés à la dernière étape de l'humanité présente, que nous pouvons comprendre que la sagesse, l'harmonie et la paix se trouvaient au début, pour ensuite se perdre graduellement à la faveur d'un matérialisme croissant. En effet, il n'est resté de cette conscience de l'éternité que des rappels fugaces à travers l'histoire – chez les bouddhistes, les taoïstes, les aborigènes d'Australie, les Aztèques, les Amérindiens, les chamans sibériens, ainsi que chez quelques sages: Héraclite, Platon, Jésus, Plotin, François d'Assise, Rumi[12]. Mais jamais cette sagesse n'a duré, elle s'est au contraire perdue de plus en plus à travers l'histoire.

---

10. Srimad Bhagavatam.
11. Enseignement traditionnel de l'Inde.
12. Ce soufi (mystique de l'Islam) écrit au XIIIe siècle: «À la mort, l'âme quitte le corps, elle le laisse comme un habit et façonne un corps fait de sa propre lumière de toujours.»

Pourtant, tout était déjà là au début, comme dans l'enfance se cache la sagesse du vieillard. De la même façon, l'arbre sommeille dans la semence, et notre destin terrestre est contenu dans l'âme éternelle.

Qu'est-ce en effet que l'éternité ? On ne peut l'approcher que par images. En le voyant, par exemple, comme un monde enroulé, à la façon d'une bande magnétique, d'un ruban adhésif ou d'un mètre à ruban qui s'embobine automatiquement. Son déroulement, c'est ce qu'on appellerait le temps, qui se déplie petit à petit en spirale, mais qui peut ensuite se replier. Le physicien David Bohm parlait de l'éternité comme d'un monde plié, qui se déplie dans le temps, ou encore comme d'une nappe pliée que l'on sort du tiroir et que l'on étend ensuite sur la table. Et Mozart, dans son génie insondable, voyait sa symphonie comme un tableau étalé dans l'espace, où tous les temps étaient simultanément présents, et qu'il déroulait ensuite méticuleusement en transcrivant l'œuvre sur papier : il faisait ainsi passer la musique de l'espace au temps, il la sortait de l'éternité. De son côté, le psychologue Carl Jung, lors de son extase racontée à la fin de *Ma vie*, voyait à la fois le passé, le présent et le futur en un seul moment. Et de la même façon le philosophe du VIᵉ siècle, Boèce, percevait l'éternité comme *tota simul omnium possessio* – « toutes choses possédées simultanément » –, un peu comme un monde enroulé à la façon d'un ruban magnétique.

Ainsi le printemps existe ailleurs pendant que c'est ici l'automne, et que sur d'autres parallèles émergent à la fois l'été et l'hiver. Ainsi également certains arrivent pendant que d'autres quittent ; plusieurs tombent malades alors que d'autres guérissent, et un certain nombre connaissent le bonheur au moment où d'autres continuent de peiner. C'est la simultanéité de la vie, aperçue dans toutes ses phases, comme un tableau en quatre images ou un champ de diverses cultures devenu pour celui qui survole en mongolfière, une superbe écharpe à carreaux[13].

---

13. Comme je l'ai suggéré précédemment, mon ouvrage récent, *Les compagnons du ciel*, en réunissant des êtres de toutes époques, illustre bien cette simultanéité de tous les temps en un seul espace. Car toutes les âmes auxquelles je m'adressais venaient de tous les âges et cependant se trouvaient avec moi dans mon salon.

Le *kali yuga*, l'âge final

À l'époque des pyramides, les sages de l'Inde léguaient à l'humanité une tradition spirituelle qui allait influencer les âges suivants jusqu'à nos jours. Ces hommes avaient d'ailleurs une vision fort précise de la durée du monde, de ses étapes et de ses cycles éternellement recommencés. En effet, pour l'Inde traditionnelle, la durée de l'Univers se déployait sur quelque 31 trillions d'années, ce qui veut dire, le chiffre 31 suivi de 12 zéros, soit 31 000 000 000 000 – une quantité proprement inimaginable lorsqu'on la compare aux maigres 4 millénaires de la tradition biblique, ou même aux 15 milliards de l'astronomie actuelle. Et à la fin de cette incommensurable durée, le monde se dissolvait, pour recommencer à neuf, un processus qui devait se répéter indéfiniment, parsemé de ralentissements et de repos, d'arrêts et de reprises – ce qui faisait dire à Platon que l'humanité avait déjà recommencé plusieurs fois! Il faut admettre en effet que les Anciens de l'Inde voyaient grand!

Cette durée totale était divisée en plusieurs cycles majeurs (*kalpas*), qui en contenaient de nombreux petits, insérés les uns dans les autres comme des poupées russes. L'unité de mesure fondamentale était le *yuga*, qui veut dire «âge». Pour se donner une idée de ses proportions, quatre *yugas* remplissaient 60 487 années, ce qui constituait un «grand âge» – *maha yuga*. Cela commençait par le plus long, l'âge d'or, suivi des trois autres, qui diminuaient en durée à mesure qu'ils perdaient de leur énergie[14].

Le dernier âge, celui du fer, appelé *kali yuga*, était le temps des guerres et de la dégradation morale. C'est celui dans lequel nous nous trouvons présentement. Les auteurs du *Bhagavatam Purana* indien – qui signifie «textes sacrés anciens» – avaient même perçu que la phase finale de notre *kali yuga* commencerait en 1939, ce qui montre que ces gens n'étaient pas du tout des rêveurs, mais plutôt des voyants!

---

14. Ces données sont fournies tout d'abord par le livre du grand spécialiste de l'Inde, Alain Daniélou, *Le destin du monde d'après la tradition shivaïte*, Paris, Albin Michel, 1992, ainsi que par l'ouvrage de Mircéa Éliade, *Le mythe de l'éternel retour*, Paris, Gallimard, 1949.

Et qu'ont-ils annoncé, ces sages védiques d'il y a 4000 ans ? Leurs récits sonts éparpillés dans plusieurs livres – *Artharva Veda, Mahabharata, Purana*. Mais ce sont ces derniers qui décrivent le mieux les événements du dernier âge, celui qui nous concerne tout d'abord. Voici, par exemple, ce que nous en dit Alain Daniélou, dans l'ouvrage précité :

«Selon la théorie des cycles, qui règlent l'évolution du monde, nous approchons aujourd'hui de la fin du *kali yuga*, l'âge des conflits, des guerres, des génocides, des malversations, des systèmes philosophiques et sociaux aberrants, du développement maléfique du savoir qui tombe dans des mains irresponsables[15]. Tout tend à se niveler et le nivellement, dans tous les domaines, est le prélude de la mort. À la fin du *kali yuga*, ce processus s'accélère. Ce phénomène d'accélération est l'un des signes de la catastrophe approchante. Voici comment les *Purana* présentent certaines caractéristiques des derniers temps :

- «La négligence, la maladie, la faim, la peur se répandent partout.

- Il y aura de graves sécheresses.

- L'eau manquera.

- On tuera les fœtus dans le ventre de leur mère.

- De la nourriture déjà cuite sera mise en vente.

- Le climat sera incohérent.

- Il y aura beaucoup de mendiants et de sans-travail.

- On ne pourra se fier à personne.

- Des groupes de bandits s'organiseront dans les villes et les campagnes.

- Les viols seront fréquents.

---

15. Pensons, par exemple, aux découvertes d'Einstein utilisées à mal par Oppenheimer, le père de la bombe atomique et de la bombe à hydrogène. Qu'on se rappelle aussi les manipulations génétiques qui ont suivi les découvertes de l'ADN.

- Les hommes ne chercheront qu'à gagner de l'argent et les plus riches detiendront les pouvoirs.
- Les gens croiront en des théories illusoires.
- Beaucoup se suicideront.
- Les gens s'entretueront furieusement.
- Tout le monde emploiera des mots durs et grossiers.
- Ils connaîtront le désespoir[16]. »

«La destruction, selon le texte, commencera par une explosion sous-marine appelée *Vadana*, "la cavale", qui aura lieu dans l'Océan du Sud[17]. Le dieu du vent soufflera alors d'énormes nuages qui feront un bruit terrible et inonderont la terre d'une pluie de feu[18] [...] Ensuite, un interminable déluge noiera le monde[19]. Lorsque la dissolution du monde paraîtra imminente, certains abandonneront la terre durant les derniers jours du *juga* pour revenir plus tard: ce sont les progéniteurs de l'humanité future.»

Comme l'écrivait Platon il y a 2500 ans, «il y a et il y aura encore plusieurs destructions de l'humanité». Il avait hérité de Pythagore la tradition du temps cyclique, qui lui l'avait reçu de l'Égypte. C'est cette vision que je suggérais déjà dans mon ouvrage *Les voies du possible:* «Comme tout est onde, ainsi en est-il des civilisations. L'humanité recommencera, s'éteindra, reprendra suivant un mouvement ondulatoire et périodique. Nous ne sommes pas le peuple le plus avancé, nous n'en sommes que le plus récent[20].»

---

16. Ceci ne représente qu'une portion des predictions continues dans ce livre.
17. Curieusement, c'était le site d'un récent tsunami...
18. Ce passage évoque une explosion atomique...
19. Voir «Le message de Ned» au chapitre 7.
20. Montréal, Ferron, 1973, p. 160.

Le retour éternel de la nature

En effet, j'ai senti depuis longtemps que la vie suivait un déroulement circulaire. Cela m'est devenu évident au cours d'une vingtaine d'années passées sur une ferme dans les plaines immenses du Manitoba[21]. Je regardais la nature, et en la laissant simplement se déployer devant moi, j'apprenais. Elle montrait clairement les lois qui l'animaient et dont l'origine restait invisible. Par exemple, la semence, en devenant l'arbre qu'elle contenait, renaissait de nouveau comme semence cachant à son tour un arbre ; l'œuf devenait poule et celle-ci pondait un œuf qui se transformait éventuellement en poule, chacun devenant l'autre sans jamais se confondre ; semblablement, le mâle ensemençait la femelle qui « donnait le jour » à une progéniture destinée à reproduire à son tour le même cycle de vie.

De la même façon, le soleil levant, après avoir dessiné sa courbe lumineuse, retournait se coucher, pour se relever de l'autre côté de la nuit[22]. Tout recommençait comme une roue qui tourne, comme « la mer, la mer toujours recommencée », comme une sphère, une ronde, un retour du refrain. Chaque matin, le vie reprenait, toujours nouvelle et cependant toujours semblable. Chaque tour de piste ramenait à un point de départ qui était simultanément un point d'arrivée, selon le mot du poète « Dans mon commencement se trouve ma fin et dans ma fin, mon commencement »[23]. Et pendant tout ce temps-là, la terre tournait, c'est-à-dire qu'elle revenait sans cesse sur elle-même, en dansant une ronde à travers l'espace. On pensait même que le soleil se couchait vraiment, alors que c'était la terre qui simplement se roulait dans la lumière ! Le soleil, lui, dansait une sarabande d'une ampleur autrement plus vaste et qui échappait complètement à notre observation.

---

21. De 1928 à 1949.
22. On s'en souviendra, c'était l'une des observations principales qui fondaient la philosophie de l'ancienne Égypte.
23. T. S. Eliot, *op. cit.*

Pour ressentir cette harmonie toujours présente, il suffit de regarder la vie qui se manifeste partout autour de soi – celle qui est dans l'œuvre de la création plutôt que dans les œuvres de l'homme. Il suffirait d'être attentifs comme des enfants aux animaux et à la nature, pour reconnaître à l'évidence que le temps sur terre «tourne en rond» suivant la courbe montante d'une spirale, qui revient toujours au même point mais chaque fois un peu plus haut. Ainsi, le temps revient sur lui-même dans un présent éternel.

Tout témoigne de cette évidence : les lunaisons, les jours, les saisons, les années, les retours d'éclipses, d'étoiles filantes, de taches solaires (tous les 11 ans environ), le rythme des naissances, les anniversaires, les cycles de la femme, les courbes économiques, les précessions d'équinoxes, le rut animal, les migrations d'oiseaux, de poissons et de rennes, les plantes vivaces qui repoussent spontanément, la nidification des oiseaux et des rongeurs. En tant que vivants, les êtres de la nature reviennent toujours à un certain point de départ, un peu comme les saumons, qui retournent mourir à leur lieu de naissance pour y déposer leurs œufs et relancer la vie.

Le Pouvoir de l'Univers agit en cercles et toute choses tendent à être rondes. Même les saisons dans leur alternance forment un grand cercle : elles reviennent toujours. La vie de l'homme est elle aussi un cercle qui va de l'enfance à l'enfance. Ainsi va tout ce qui est mû par le Pouvoir[24].

---

24. Black Elk, un sioux Oglala (1863-1950), dans *Paroles de sages*, Paris, Jeu d'aujourd'hui, 1996, p. 20.

Ce que j'ai appris au sujet de la nature m'a éclairé sur le monde invisible, car la vie est elle-même invisible, bien qu'évidente, présente et intarissable – comme l'air, l'énergie, l'électricité et la pensée. J'appris ainsi que les « éternels retours » devenaient chez l'homme une suite de replongées de l'âme dans la matière, afin d'emmagasiner diverses expériences, de recueillir de nouvelles connaissances et d'apprendre à assumer conflits et épreuves. Tout était ici affaire de croissance continue à travers des situations et des événements qui paraissent en soi déconnectés. Car c'est la conscience qui relie tout.

Le déroulement de la nature n'a cessé de me rappeler la renaissance de la vie et le fait qu'elle ne finit jamais. Même l'hiver n'est qu'un mirage pour les êtres vivants, car les animaux qui hibernent ne font qu'emmagasiner de l'énergie en vue de la prochaine saison, et les boutons d'érable déjà prêts à éclore dès l'automne se recouvrent momentanément d'une couche de cire, en attendant que la sève en montant de la racine se réveille au printemps.

Je me suis également aperçu, en observant le manège multicolore de la nature et les étapes changeantes de ma propre vie, qu'il y a toujours à la fois du nouveau et de l'ancien. Si tout recommence, ce n'est jamais exactement de la même façon, puisque rien ne se répète mécaniquement, tout s'improvise sur un même thème, un peu à la façon d'une pièce de jazz: on revient au même moment, à un même refrain, mais toujours à un autre niveau, avec une autre mélodie, à un âge différent, dans un corps et dans une conscience chargés d'expériences accrues. Ainsi se renouvelle la vie, non pas en niant le passé, mais en l'intégrant et en le transformant, de sorte qu'il soit toujours présent comme l'enfance qui illumine le vieillard, lorsqu'il l'a enfin reconnue et accueillie dans son cœur.

Temps cyclique et temps linéaire

*La marche de l'humanité ne peut être conçue comme
une ligne droite ascendante ; il s'agirait plutôt,
selon l'enseignement traditionnel, d'une évolution
en spirale passant par des sommets et des creux.*

Christian Jacq, *Le voyage dans l'autre monde
selon l'Égypte ancienne*, p. 168.

À l'époque de l'Inde et de l'ancienne Égypte, on croyait que le monde était éternel et qu'il suivait par conséquent un déroulement cyclique, c'est-à-dire que l'ordre des choses finissait toujours par se répéter, par revenir au point de départ. Le judaïsme allait renverser cette vision des choses, de sorte qu'à partir de Moïse (vers −1300)[25], le monde était fini, avec un commencement (la création) et une fin (l'entrée en terre promise). Le christanisme à son tour allait adopter cette croyance, retenant la notion d'un monde créé, mais remplaçant le concept de terre promise par celui d'un retour du Christ revenu pour le Jugement dernier (la parousie).

Le temps linéaire – celui qui va en droite ligne et dont les événements vont toujours en s'améliorant – allait donc être associé au christianisme et à sa croyance au progrès illimité, c'est-à-dire concrètement, à un empire qui avait l'intention de couvrir le monde ! Cette vision religieuse dominerait la pensée jusqu'au milieu du Moyen Âge, où elle céderait graduellement la place à une vision plus séculière. C'est le moine anglais Roger Bacon (1200) qui inventera une autre façon de voir la réalité, non plus par la foi mais à partir de la raison et de l'expérience physique – ce qui s'appelle l'empirisme. Il lançait ainsi la méthode scientifique, qui allait être scellée par Francis Bacon (xvie siècle), René Descartes (xviie siècle) et, finalement, Isaac Newton, son contemporain. Ce mode de connaissance né d'une tradition religieuse dépassait celle-ci et même la contredisait carrément, car il remettait en question les croyances religieuses, les remplaçant par l'expérimentation, le questionnement et l'étude systématique des comportements de la matière.

---

25. Au cours de cet essai, les années d'avant notre ère seront simplement précédées d'un signe « moins ».

Ainsi, la méthode scientifique ne s'attarderait qu'aux choses vérifiables, démontrables et mesurables, ignorant les émotions, les croyances et tout ce qui, étant invisible, échapperait à ses instruments[26].

La science allait donc très tôt s'imposer comme le nouveau savoir, le seul savoir, le savoir suprême. Les esprits reconnaissaient sa valeur et son importance, puisqu'elle leur permettait en toute bonne conscience de ne s'occuper que de ce monde-ci, en donnant la première place à l'homme, plutôt qu'à Dieu ou aux superstitions de la religion. Cela signifiait que l'aspect matériel des choses l'emporterait désormais sur les considérations spirituelles, autrement dit, le visible sur l'invisible. Ce sont les promesses de la science qui domineraient les consciences – ses inventions, ses pouvoirs sur la nature, ses aspects pratiques, sa valorisation de la logique.

Le matérialisme comme vision du monde était né. On allait remplacer la foi – cette conviction que «l'essentiel est invisible pour les yeux» – par une confiance absolue dans la matière et la possession des biens de ce monde. Ainsi s'envolaient de la conscience populaire l'expérience du divin et l'éternité de l'âme. Ce qui désormais serait éternel, c'est la matière, puisque Lavoisier

---

26. Cependant, la science, imitant en cela la religion et la politique, a toujours su cacher ou éliminer ce qui gênait ses dogmes et menaçait son prestige. Par exemple, on a délibérément faussé l'apport de Newton, en omettant sa perspective spirituelle. Il écrit dans ses *Principia*: «Tous ces mouvements très réguliers d'étoiles n'ont pas de cause mécanique... Cet admirable arrangement du soleil, des planètes et des comètes ne peut être dû qu'à un être intelligent et tout-puissant.» (Schwaller, *Sacred Science*, p. 266.) De même, à la fin de son œuvre intitulée *Optics*, il affirme qu'«un destin aveugle ne pourrait jamais faire en sorte que les planètes vogagent de cette façon». En effet, la majeure partie de son œuvre est spirituelle, ses découvertes scientifiques ne faisant qu'alimenter son admiration pour Dieu – une attitude qui s'apparente à celle de l'ancienne Égypte. Autre exemple: dans ses recherches sur l'évolution, Darwin fut retenu à l'encontre du jeune Alfred Russell Wallace, pour qui l'homme, étant d'origine céleste, ne faisait pas partie de l'évolution. Mais comme Darwin confirmait la thèse matérialiste de la science en rejetant toute allusion au spirituel, c'est sa doctrine qui a finalement prévalu! Pour d'autres exemples nombreux, voir *Les égarements de la science*, Paris, France Loisirs, 1994.

l'avait déclarée éternelle par la formule «rien ne se perd, rien ne se crée, tout se transforme». On avait décidé de ne vivre que pour un monde tangible, autosuffisant et infiniment désirable. Nul besoin du passé: seul l'avenir importait désormais. Et l'avenir, c'était le progrès qui ne s'arrêterait jamais!

Ainsi est apparu le monde moderne, irrésistiblement fasciné par le mirage d'un progrès matériel et d'un bien-être illimité, un monde obsédé par les apparences, la compétition, la richesse, les loisirs et décidé à abolir le mystère, l'incompréhensible et le sacré. En effet, on peut dire que la conscience humaine a commencé de se perdre lorsque fut abandonnée la conscience de l'éternité.

La liberté de l'âme

L'ancienne perspective incluait essentiellement un au-delà de cette vie, chaque âme pouvant choisir de s'incarner sur terre aussi souvent qu'elle le désirait. L'individu était donc responsable de son choix, le bilan de son vécu lui revenant exclusivement une fois le corps abandonné. Par conséquent, il n'y avait pas de jugement extérieur à soi: chacun assumait seul ses actes en acceptant leurs conséquences. L'être humain disposait d'une condition vraiment divine, puisqu'il était de la même nature que la Source universelle.

C'est justement parce qu'elle est libre – sans naissance et sans mort – que l'âme peut poursuivre sa croissance en revenant de nouveau sur terre. Autrement dit, ce qui commence – le corps et les choses matérielles – doit finir, comme nous le montre l'expérience humaine depuis le début des temps. Alors que ce qui ne commence pas ne finit pas, comme l'ont compris l'ancienne Égypte, la tradition védantique et des esprits tels que Maître Eckhart et Teilhard de Chardin. Aussi, l'âme ne peut-elle avoir commencé, autrement elle mourrait comme le corps. Elle est donc incréée, comme l'affirmait spécifiquement Maître Eckhart. Elle est éternelle comme la Source de toute vie.

En revanche, dans le système chrétien officiel qui s'est finalement étendu à toute la civilisation occidentale, on n'accordait à chacun qu'une seule vie. De plus, dans cette doctrine restrictive, chaque âme était créée et ne devenait immortelle que par sa croyance au Christ. On ne choisissait ni de s'incarner ni de vivre telle ou telle vie, tout était imposé comme par une volonté tyrannique extérieure à soi. Ainsi, on pouvait naître infirme si c'était le bon plaisir de ce Dieu ! Rien à dire ou à comprendre, il fallait simplement se soumettre. Le destin était ainsi perçu comme pure fatalité, sans aucun choix possible.

Mais comment être libre de ses actes si on ne peut avoir choisi son être, ses moyens et son destin ? C'est être réduit à l'état de marionnette. En effet, comme toute liberté humaine prend sa source dans l'âme éternelle, on ne peut être libre que si on l'est dès l'origine. C'est le grand sage Maître Eckhart qui l'a dit le mieux : « Dans l'être de Dieu, j'étais, là je me suis voulu et je savais que je créais la personne que je suis. Aussi suis-je non-né et donc je ne puis mourir », confirmant en cela la doctrine des anciens sages de l'Égypte et de l'Inde. Affirmer le contraire, c'est dire simplement que nous n'avons pas choisi notre personne et que, par conséquent, nos actes non plus ne seront pas libres puisqu'ils en découlent.

De plus, le jugement qui suivait cet unique tour de piste était sans recours – une situation complètement inhumaine, puisque même un parent indigne ne refuserait jamais à son enfant coupable d'une frasque la permission de se reprendre, de recevoir une seconde chance. Mais le dieu chrétien (tiré de l'Ancien Testament) ne respectait pas assez l'humain pour lui faire confiance, pour le laisser choisir – ce qui, bien sûr, plaisait au clergé qui avait inventé ces mythes, sachant très bien que la peur, la menace et l'obéissance maintiennent les peuples sous contrôle[27] !

Ainsi, l'homme moderne se dit libre, alors qu'il est emprisonné sans savoir pourquoi, sans l'avoir choisi (de cela il est convaincu) mais surtout, sans le moyen de s'en échapper ! Et à bien y penser, c'est une situation à la fois absurde et complètement inutile ! Pourquoi en effet passer quelques années d'une vie terrestre,

---

27. C'était le contraire du message de Jésus, qui disait simplement de s'aimer soi-même, d'aimer et de pardonner également tous ses frères et sœurs qui sont enfants de Dieu. C'est pourquoi, lorsque je parle du monde chrétien, il s'agit de l'Église, qui n'a rien à voir avec Jésus. C'est une institution purement humaine, un pouvoir politique au nom d'un dieu de pouvoir, une usurpation tout simplement. Dieu est ailleurs : en chacun de nous.

avec comme seul horizon le néant ? C'est alors que le mot de Sartre prend tout son sens : « L'homme est une passion inutile[28]. »

Car même en améliorant sa vie ou celle des autres, ce n'est que pour une durée dérisoire, chacun étant enfermé dans le même horizon terrestre. Avec une perspective aussi limitée, la vie humaine est bien sûr un destin absurde, comme le soutenait Camus. Une situation bien résumée par le dicton américain *You can't escape alive* – vous ne pouvez vous en échapper vivant. C'est tout un contraste avec l'attitude de l'ancienne Égypte qui aurait dit au contraire : « Vous ne pouvez vous en échapper *que* vivant ! » – comme l'affirme du reste le premier verset du *Texte des pyramides*, « Ce n'est pas mort que tu es parti, ô prince, mais vivant ! » Deux visions, deux civilisations aux antipodes l'une de l'autre : l'américaine à la fin, l'égyptienne au début ; l'une pour qui l'éternité n'est pas réelle, et l'autre pour qui c'est la seule réalité !

On progresse vers quoi ?

Certes, on ne peut empêcher l'homme de rêver, même – surtout – si son horizon est fermé. C'est ainsi qu'ont surgi en Occident les utopies[29], c'est-à-dire les rêves irréalisables – à l'image du progrès illimité. Il y a eu au XVe siècle celle de Rabelais, au XVIe siècle celles de More et de Francis Bacon, au XVIIIe siècle celle de Rousseau, au XIXe siècle celle de Marx , et finalement, au début du XXe siècle celles de Kropotkin et de Tolstoï. On n'a pas cessé de réinventer un monde toujours plus parfait, toujours meilleur sur les plans matériel et social. Car l'Occidental a cherché surtout à dominer ce monde-là et à s'emparer de ses richesses. Ce qui concernait le domaine invisible et spirituel était en général jugé sans intérêt puisque sans substance.

Ainsi, depuis la révolution industrielle du XIXe siècle, l'avancement technologique a fait croire à tout le monde qu'on arriverait très bientôt à une vie sans souffrances, où tous les peuples

---

28. En fait, il ne pouvait rien dire d'autre après avoir affirmé en 1974 que « Dieu, l'âme et la vie immortelle n'existaient pas ».

29. Du grec « n'existant nulle part ».

seraient unis et en paix. Même Victor Hugo croyait que la locomotive allait apporter à toutes les nations l'harmonie, la démocratie, la prospérité et la fraternité – rien de moins !

Or, ce rêve d'un monde idéal allait fomenter dans les masses une escalade continuelle d'exigences et d'insatisfactions. Comme rien n'était jamais suffisant, il fallait manifester, crier, s'insurger et se mettre en grève pour en obtenir toujours davantage ! Le mécontentement se généralisait sans que les conditions idéales soient pour autant jamais réalisées ! Au contraire, tout se détériorait suivant la loi d'entropie, de sorte que le paradis, le Grand Soir, la fraternité universelle, les loisirs pour tous s'abolissaient sans cesse, comme l'horizon à mesure qu'on avance à sa rencontre. Il en fallait toujours plus, réclamant, accusant, poursuivant en justice et se vengeant sans remords. Non content de ce qu'on était ou de ce qu'on avait, on cherchait à combler un désir illimité avec des objets limités – pour s'étonner ensuite de l'insatisfaction chronique qui s'ensuivait !

Mais de quel progrès parle-t-on au juste ? Matériel, bien sûr. On a cru naïvement que l'esprit n'était qu'un produit de la matière (le cerveau) et que, par conséquent, en assurant à l'homme son progrès matériel, il serait comblé dans tout son être. Il suffirait d'améliorer le niveau de vie pour que tout le monde soit heureux – une idée qui allait enflammer tous les esprits «progressistes». À tel point qu'on voyait tous les habitants de la planète atteindre le niveau de confort le plus élevé et que, pour y arriver, il faudrait si nécessaire l'imposer de force ! Ce qui, remarquez bien, se fait sous nos yeux aujourd'hui même par les superpuissances et leurs alliés.

Progrès ou recul progressif ?

Qu'on ne s'y trompe pas : le progrès illimité est loin d'être un mythe innocent comme l'histoire de la Belle au bois dormant. Car ce progrès a remplacé la sagesse traditionnelle par un monde sans âme. Consacré définitivement par le rêve et le succès américains, il a créé une société où toutes les valeurs traditionnelles ont été renversées en faveur des suivantes : l'obsession du domaine matériel, la prétention d'être supérieur en tous points aux civilisations passées et, finalement, la convoitise illimitée.

L'obsession du monde matériel

Dans la religion du progrès sans limites, il n'y a de réel que le monde visible. Aussi, la science s'est-elle choisi des paramètres qui la maintenaient dans ce qui était prouvable, mesurable, visible et objectif. Elle réagissait ainsi à l'absence de rigueur, de preuves et de rationalité de la tradition religieuse. Et en cela, elle avait raison.

Sauf que la science, n'ayant pas de sagesse, n'a pu être fidèle à son projet[30]. Ce qui pour elle n'est pas démontrable ne peut exister et, par conséquent, est illusoire. Elle affirme aussi que tout ce qui est encore inconnu sera un jour compris et expliqué par elle. Finalement, elle prétend être la seule connaissance valable, au point que la méthode scientifique est la voie royale vers la vérité. C'est ce qui s'appelle le « scientisme », la science devenue dogmatique et arrogante, imitant ainsi la religion.

Bien sûr que nous existons dans un monde qui est matériel. Mais justement, il n'est pas que matériel. Ce n'est là qu'une couche d'apparences au dire même de la science, qui nous assure que rien de ce qui paraît ne représente l'Univers tel qu'il est, tout étant interprété, faussé par la faiblesse de nos sens. Pourquoi alors mépriser le monde invisible de l'esprit et faire semblant qu'il n'existe

---

30. Elle manque de sagesse en décidant d'inventer un produit sans en prévoir les effets néfastes. Autrement dit, ce qui la motive, c'est seulement la *possibilité* de réaliser quelque chose, non son utilité ou sa bienfaisance pour l'humanité ; par exemple : les bombes atomique et à hydrogène, l'engin carburant au pétrole, les pesticides, la création du LSD et autres produits néfastes, les gaz toxiques tels que le sarin, le déversement d'huile brute dans la mer, la violence accrue par la multiplication des armes à feu, Internet envahi par le crime, la porno et constamment menacé par des virus. La science peut se vanter d'être très forte, mais elle n'aide pas à créer la paix, à changer les gens ou à les protéger contre les désastres, et encore moins à dépasser le fanatisme religieux !

pas, alors que la science, qui dans ses derniers retranchements en est si proche, s'en sert justement pour comprendre le monde ? En effet, a-t-on jamais vu la matière comprendre ou expliquer la matière ?

Bien sûr que les sens souffrent de limites et de préjugés, mais la science également. Par exemple, elle ne peut expliquer ou saisir l'existence ou la nature de l'air, de l'électricité, de la vie et de l'énergie, et encore moins celle de la pensée, de l'émotion, des désirs, des desseins cachés, des regrets, de l'idéal, de l'intuition, de l'amour, de l'imaginaire, de la volonté, de la sensibilité à la beauté, à un ciel d'étoiles, à un visage ou à une musique. Tout cela échappe au domaine restreint de la science. Et pourtant, la recherche du savant ne commence-t-elle pas par une hypothèse, cette intuition, cette invention de l'esprit qui est cependant aussi réelle qu'elle est essentielle à la démarche scientifique ? Semblablement, ce que nous expérimentons intérieurement existe bel et bien, même si c'est invisible et impossible à démontrer devant autrui. Cela constitue même la part la plus importante de nos vies et détermine en réalité ce qui fait qu'on est humain. Or, ces choses sont vécues également par les savants dans leur laboratoire ou dans le secret de leur for intérieur, même s'ils agissent et parlent comme si cela était sans importance à côté des questions scientifiques ! Avant d'être des savants, ne sont-ils pas des humains ? Et si la science éteint à ce point leur humanité, il vaudrait mieux être moins savant et un peu plus humain.

La prétention d'être supérieur aux Anciens

> *Chaque génération se croit plus intelligente*
> *que la précédente et plus sage que la suivante.*
>
> George Orwell

La pensée moderne a longtemps considéré les races précédentes comme des « sauvages ». Le célèbre sociologue du début du XXe siècle, Lévy-Bruhl, avait décidé une fois pour toutes que ce qu'il appelait avec mépris « les primitifs » – c'est-à-dire les Amérindiens et les aborigènes de l'Australie – n'étaient pas dignes d'être appelés humains. Mais heureusement que les savants sont devenus plus modestes! En effet, reconnaît Andrew Thomas, « nous ne sommes pas les premiers à concevoir l'Univers scientifiquement[31]. »

Plusieurs domaines du savoir ont été explorés dans les temps anciens et beaucoup de connaissances y étaient répandues, comme on le voit par les exemples suivants.

La terre: Elle était reconnue comme planète par Pythagore (–500), Anaximandre (–500), Héraclite (–400) et Chang Heng (78) qui disait que « la terre a la forme d'un œuf ».

La lune: Selon Parménide et Plutarque, elle renvoie une lumière réfléchie; elle est liée aux marées selon Posidonius, et d'après Démocrite, les ombres sur sa surface sont des montagnes et des ravins. Les comètes étaient connues des astronomes chinois (–204), ainsi que de Suétone et de Sénèque. Les lunes de Jupiter, les phases de Vénus et les satellites de Saturne étaient connus des prêtres babyloniens (–2000).

Le soleil: Le soleil était perçu comme une masse de métal incandescent par Anaxagore, et les taches solaires reconnues par celui-ci ainsi que par les astronomes chinois du Ier siècle.

La Voie lactée: Elle est reconnue comme une nuée d'étoiles par Démocrite; et les météores, comme des pierres tombées de l'espace par Diogène d'Apollonie (–400), alors que Lavoisier au XVIIIe siècle – le siècle des Lumières! – affirmait que les météores étaient impossibles.

La durée de l'année: Selon les Mayas, l'année dure 365,2420 jours; selon nos savants actuels, 365,2422.

Le temps: Le temps était divisé en moments infimes par les sages de l'Inde – ils mesuraient jusqu'au *truti* (0,33750 d'une seconde), et même jusqu'au *kasta* (1 sur 3, suivi de 9 zéros), c'est-à-dire près de la durée du meson. Quant à la durée de la civilisation, les prêtres babyloniens et égyptiens considéraient l'homme comme civilisé depuis 200 000 ans, c'est-à dire depuis l'arrivée

---

31. *We Are Not the First,* New York, Bantam Books, 1971. Les données de cette section sont tirées de ce livre.

des Atlantes. (C'est aussi la date que donne le spécialiste de l'évolution, Stephen Jay Gould.)

L'existence de l'atome : Les brahmanes de l'Inde (–500) écrivaient : « Il y a des mondes très vastes dans le vide de chaque atome, aussi nombreux que les poussières dans un rayon de soleil. » Même le Bouddha à la même époque parlait du *Devavajra*, « la foudre resplendissante », en évoquant le pouvoir caché dans l'atome ; et Katif Isfahani, un soufi du xviiie siècle, dit que « si tu brises le noyau de l'atome, tu y trouveras enclos un soleil ».

Les connaissances médicales : Le vaccin était pratiqué par les Égyptiens (–2000) où on avait découvert la pénicilline en récoltant des moisissures à fleur d'eau. Il était également connu en Inde, d'après les *Vedas* (–1500) ; ces Indiens connaissaient le métabolisme, la circulation du sang, le système nerveux, la césarienne, l'anesthésie, en plus de répertorier 1120 maladies et d'utiliser 121 instruments chirurgicaux.

L'origine de l'homme : Selon les anciens Égyptiens, l'homme venait directement de la Source de vie et non à partir de l'évolution animale. D'ailleurs, selon le grand spécialiste de la paléontologie, Richard Leakey, « s'il y avait des ancêtres "humains " il y a quelque 3 millions d'années, pourquoi alors n'avons-nous pas retrouvé leurs restes ? Parce que leur nombre est infime : en effet, si nous prenions la peine de rassembler tous les fossiles de nos ancêtres découverts jusqu'ici, il suffirait de deux tables à tréteaux pour les exposer. Des millions d'hominidés qui ont vécu sur terre dans la préhistoire, il ne nous reste que quelques os[32]. »

La supériorité technologique

À notre époque, ce qui touche les populations, ce n'est plus la science pure (qui étudie les fondements de l'Univers – la physique et la chimie), mais les sciences dites appliquées (ses produits technologiques). Et là, les gens ne sont pas seulement touchés, ils en sont proprement envoûtés. C'est en effet la formule d'Einstein, $E = mc^2$, qui illustre bien le désintéressement vis-à-vis de la science

---

32. Cité par Colin Wilson, p. 164.

de pointe : comprise seulement par une poignée de savants, cette formule n'a pas su toucher la masse ni changer leur vie. La science pure était devenue étrangère à l'homme[33].

Cet éloignement n'a cessé de s'accroître. Et aujourd'hui, les savants nous parlent de choses incompréhensibles, de choses qu'ils ne comprennent parfois pas eux-mêmes. Telles sont les nouvelles découvertes touchant la matière de l'Univers : depuis 15 ans, les savants ont repéré une matière « sombre » (*dark matter*) ou « absente », qui demeure cependant inaccessible et qui serait apparemment neuf fois plus volumineuse que l'Univers dans son ensemble ! Ils parlent maintenant d'une « matière sombre » (*shadow matter*) différente de cette antimatière qui ne représente qu'une portion de l'Univers ; cette nouvelle matière est d'une composition différente, de sorte que l'on ne peut ni la connaître ni l'analyser. Il s'agit d'une réalité qui nous est radicalement étrangère et qu'on ne peut contacter, pas plus que la « matière sombre »[34].

Désormais, ce qui comptera, ce sont les découvertes technologiques affectant la vie courante. Nous en sommes d'ailleurs tellement fiers que nous nous voyons spontanément comme la civilisation la plus évoluée. Personne n'a pu égaler notre niveau de vie, c'est-à-dire celui des riches qui ne forment qu'une infime portion de l'humanité. Et bien sûr, personne avant nous n'a pu montrer autant d'inventivité, de génie et de contrôle de la matière !

Et pourtant, même avec nos instruments les plus sophistiqués d'aujourd'hui, nous ne savons pas construire la grande pyramide d'Égypte. Le Japon s'y est essayé lors d'une exposition dans les années 1980, mais il a dû abandonner en chemin. Et les Américains se contentent de décrire avec arrogance la façon dont les pyramides ont sûrement été bâties, sans s'essayer à appliquer leurs théories. Ce serait en effet humiliant, alors qu'on va se promener dans

---

33. La boutade de Chaplin évoque bien ce clivage. On raconte que lors de la première des *Temps modernes*, le cinéaste, accompagné d'Einstein, souffla à l'oreille de celui-ci : « Les gens m'applaudissent parce qu'ils me comprennent et ils vous applaudissent parce qu'ils ne vous comprennent pas ! »

34. Jean-Claude Carrière, « Answering the Sphinx », in Umberto Eco et Stephen Jay Gould, *Conversations About the End of Time*, London, Penguin Books, 1999, p. 153-154.

l'espace, de ne pas savoir résoudre une énigme plusieurs fois solutionnée il y a près de 5000 ans par des gens qui ne disposaient que d'outils rudimentaires !

Cependant, il faut reconnaître qu'il y a eu progrès sur plusieurs plans. Nous vivons dans une société de plus en plus sécuritaire – et du même coup ressemblant de plus en plus à un état policier[35]. Nous avons augmenté la qualité de l'éducation – tout en laissant pour compte des millions d'enfants et d'adultes analphabètes partout dans le monde ainsi que des jeunes dégoûtés de l'école. Les parents connaissent maintenant tous les mystères de l'éducation des enfants, mais au lieu de les éduquer, ils les confient toute la journée à des gardiennes, tout en se scandalisant d'apprendre que les nobles d'autrefois plaçaient leurs enfants en nourrice plutôt que de les élever ! En plus de cela, nous avons appris à augmenter notre maîtrise de la nature – au point de l'épuiser et de l'empoisonner à une échelle jamais encore atteinte. Nous avons approfondi notre connaissance des climats – qui échappent cependant de plus en plus à notre contrôle, grâce à notre barrage de polluants et notre mépris de l'écologie. Nous avons également raffiné nos armes de destruction – avec une montée en flèche de la violence dans le monde. Finalement, nous avons réussi à atteindre un sommet dans le domaine du confort ainsi que dans l'organisation et la production du luxe inutile – tout cela avec une inconscience qui n'a d'égal que nos prétentions.

Les retombées « imprévues »

Or, ce « nous » ne concerne qu'un fragment de l'humanité, et c'est là surtout que le progrès matériel apparaît finalement comme une régression spirituelle. Car cette partie « gagnante » de l'humanité s'est bâtie en abusant de l'autre et en maintenant celle-ci à l'état

---

35. Le très sage avocat Me Julius Grey dit que nous vivons maintenant dans une démocratie totalitaire: la technologie détruit notre liberté. *Journal de Montréal*, 3 octobre 2005, p. 6.

d'esclave. On s'étonne ensuite que les pauvres aient réagi par la colère, la haine, l'envie et l'esprit de vengeance. On ne veut pas voir que le « terrorisme » a été tout d'abord la réponse tout à fait légitime de peuples qui étaient exaspérés d'être exploités, abandonnés et exclus de notre fameux progrès. Ce qu'on appelait pendant la Deuxième Guerre mondiale la résistance (au tyran envahisseur), c'est cela qu'on nomme aujourd'hui le terrorisme. Car c'est l'*occupant* qui crée le *résistant*, et l'occupation peut se faire tant par l'argent, la politique, la religion que par les armes[36].

Or, depuis des années, les grandes puissances ont employé ces quatre avenues pour envahir, infiltrer et occuper. Et comme on le sait, le pouvoir illimité peut tout justifier : il suffit d'une image ou d'un slogan bien placé, d'une intention bien ciblée. Car, on le sait très bien, la parole aussi peut tuer et une image, dit-on, vaut mille mots !

Une mentalité supérieure ?

Les recherches en sciences dites « humaines », c'est-à-dire dont l'objet n'est pas la nature mais l'homme – l'anthropologie, la psychologie, la sociologie, l'histoire, la biologie –, ont nettement progressé depuis les Anciens, et même depuis le siècle des lumières. Nous comprenons un peu mieux le comportement de l'homme, son inconscient, ses déviations et son héritage génétique. Cependant, toutes ces connaissances s'arrêtent à la personnalité, à ses composantes, à ses troubles, c'est-à-dire aux manifestations observables et analysables. On refuse de reconnaître qu'il y a en chacun une dimension inconnaissable et mystérieuse, qu'une identité réelle existe au-delà du personnage et du rôle social. En somme, on n'atteint jamais la racine de son être, sa réalité éternelle, sa source divine, car tout cela est considéré comme trop subjectif pour être valable, et trop hypothétique pour être considéré comme « scientifique ». « On ne peut le prouver », tranche le scientisme – tout en

---

36. Ce qui ne justifie pas pour autant la façon dont certains groupes islamistes ont utilisé la colère des exclus à leurs propres fins extrémistes. Mais si ces colères n'avaient pas été entretenues par l'Occident, aurions-nous connu cette vague de terrorisme ?

oubliant qu'il ne peut davantage prouver ou expliquer l'existence de la vie, de l'électricité, de l'énergie ou de la lumière.

Ici encore, alors que la matière étudiée est l'homme lui-même, on reste complètement soumis aux critères de la science pure. Somme toute, on ne fait pas de vraie psychologie, qui, selon son étymologie, serait l'«l'étude de l'âme», on ne pratique pas non plus de vraie philosophie («l'amour de la sagesse») ni même de médecine véritable, dans la mesure où l'on considère le corps comme un objet séparé de l'esprit, et qu'on nie toute valeur à l'âme individuelle qui sait pourtant très bien guérir le corps, puisque c'est elle le véritable médecin. Les anciennes sagesses, que l'on trouve encore chez certaines tribus amérindiennes, chez les Chinois et les chamans sibériens et tibétains, sont complètement méprisées par nos sciences prétendument «humaines». Ces sagesses ont toujours considéré l'homme comme un tout indivisible, où l'âme était, selon son étymologie même, la seule «animatrice» – la seule guidance, le seul maître du destin en chacun.

C'est à cause de la perspective tronquée du savoir moderne que la mentalité des gens n'a pu progresser. On sait beaucoup de choses, sans doute plus que jamais dans l'histoire, mais on ne se connaît pas soi-même. La connaissance d'aujourd'hui est un savoir dénudé de sagesse (tout comme la science), un savoir où toutes choses étudiées sont séparées les unes des autres (comme dans les sciences) et obtenues par la mémoire, l'analyse logique et la compilation statistique des faits. La mémoire en particulier est devenue un cancer mental. Pourtant, l'ordinateur avait été créé justement pour nous dispenser de tout retenir. On persiste cependant à croire qu'être intelligent, c'est tout d'abord avoir une excellente mémoire (avec un rappel très rapide) et une compétitivité agressive, comme le montrent les jeux-questionnaires télévisés et les tests de quotient intellectuel. On a ainsi oublié de développer le jugement, l'autonomie et la structure de la pensée, mais surtout l'ouverture, l'écoute, la capacité d'apprendre sans attente. Il manque justement un esprit d'émerveillement, un «je ne sais pas» – cet aveu si rarement entendu de la part des savants. On en sait trop, on est devenu des obèses du savoir. Et nous croyons que plus nous en saurons, plus les problèmes diminueront et, par conséquent, plus nous serons heureux! On ne veut pas reconnaître que l'intellect est une impasse.

En somme, on ne fait plus d'éducation, mais du dressage. Au mieux, on dispense de l'instruction, du savoir, des «compétences» techniques. Aussi, les crises du système pédagogique en Occident viennent-elles d'une pauvreté de perspective, d'une vue tronquée de l'homme, et non d'un manque de fonds ou d'une mauvaise administration. Tout simplement, on n'enseigne pas aux élèves à croître dans tout leur être en assumant faiblesses, possibilités, épreuves et échecs; on n'apprend pas davantage à se connaître au-delà des apparences, à comprendre les autres, à partager et à pardonner. On se coupe de la nature, plongés dans l'univers des livres, de la technique et des œuvres humaines, oubliant qu'un ciel étoilé est infiniment plus merveilleux et instructif qu'un lancement de vaisseau spatial! Justement, ce qui manque avant tout, c'est que l'enseignant n'a pas le pressentiment d'une présence intérieure en lui-même, d'une source intarissable dont nous faisons partie, comme la plante est soutenue et nourrie par la terre. Et quand l'intellect est développé aux dépens du cœur, tout va de mal en pis. Car l'intellect qui est fort utile lorsqu'il s'agit de savoir et d'analyser, fait écran à l'épanouissement de l'âme, à l'éveil de sa nature éternelle. Il empêche d'être vraiment et pleinement humain. Ce n'est pas le signe d'un progrès, c'est un blocage, un écran, un frein. L'indice d'une régression.

Certes, notre technologie nous a rendus plus puissants, plus savants, plus efficaces, mais du même coup plus dangereux. Notre capacité de créer des machines dépasse de beaucoup notre capacité de créer la paix, de partager avec les pauvres, d'aider ceux qui ont plus de difficultés. Notre machinerie est à la fine pointe du progrès, alors que notre conscience est en état de régression, de sorte que c'est un esprit retardé qui manipule les leviers du pouvoir. Fascinée par le mirage de la machine et son expansion électronique, notre société vit dans un monde de plus en plus virtuel, comme l'enfant marié à son écran et qui, par un simple bouton, peut créer des hécatombes.

La convoitise illimitée

Dans la perspective d'un progrès qui ne s'arrêterait jamais, ce qui compte, c'est l'argent et le pouvoir. Avec ces instruments, on peut jouir de la sécurité, du prestige, de l'insouciance, des évasions fiscales et de l'irresponsabilité. Or, ce qui permet la poursuite d'un enrichissement sans limites, c'est la spéculation financière qui est un instrument de choix pour réaliser le progrès illimité.

Au début, l'argent était relié au travail : soit comme salaire pour un travail accompli, soit comme échange pour un produit dû au travail. Or, la spéculation est la fructification de l'argent sans rapport au travail ou au produit du travail : c'est une opération fondée sur les calculs abstraits, détachée de l'humain et de ses exigences essentielles. Nous sommes ici dans le monde du superflu, ayant depuis longtemps dépassé le niveau des besoins essentiels ; nous vivons dans l'irréel, le désir infantile et capricieux. Car le bon sens le dit : personne n'a besoin d'un million par année pour vivre convenablement et rester humain. Le tort que fait la richesse chez un individu, elle le fait aussi dans une famille, une entreprise, un pays. Le sage Benjamin Franklin disait, lui qui n'était ni pauvre ni dépourvu : « L'argent ne peut rendre heureux. Plus on en a, plus on en veut. Il ne remplit pas un vide, au contraire, il en creuse un. »

La spéculation ressemble à un jeu de hasard : on s'enrichit en se fichant complètement des autres, les voyant tout simplement comme des rivaux à dépasser, à dominer, à écraser – ou même comme des pions d'échecs ou des petits personnages de jeu vidéo. Et on prend bien soin de déposer ses gains dans des paradis fiscaux pour ne pas avoir à payer ces damnés impôts qui nous rappellent notre responsabilité sociale ! Ainsi, la richesse fait croire qu'on est à part, au-dessus, même supérieurs aux autres, et qu'on n'est soumis à aucune des règles qui mènent le troupeau !

La compétition obsessive

La compétition joue un rôle incitatif de premier plan dans la course au progrès continuel. Dans la poursuite du bonheur par le progrès, tout est animé par un esprit compétitif – dans les relations sociales, les affaires, les sports, le monde des *stars*, les jeux de hasard, les sectes, les religions, la politique et les États. Tout est performance, spectacle. Il ne suffit pas d'être simplement ce qu'on est. Il faut paraître, faire tourner les têtes, savoir respirer plus haut que le nez : impressionner, surpasser, régner. Même la religion n'échappe pas à ces préoccupations : les canonisations de Rome donnent à l'Église des points gagnants dans sa compétition avec ses rivales – plus de saints pour une religion, c'est comme pour une nation plus de médailles d'or aux Jeux olympiques. (Tout le monde le sait, mais personne n'en parle !)

Mais il y a l'envers de la médaille – tous ces gens qu'on est content d'avoir dépassés, dominés, écrasés, oubliés. Les faibles, les simples, les moins combatifs, les pauvres, les analphabètes, les races moins avantagées, les exploités, surtout chez les Orientaux où les Occidentaux abusent d'une main-d'œuvre bon marché. Tous ces gens n'ont aucune chance d'entrer dans le progrès illimité. Ce sont les déchets de la survivance du plus fort, ceux qui permettent aux riches de poursuivre leur insouciance illimitée. Cette attitude s'est même répandue avec un sans-gêne éhonté chez les entreprises et les industries où on congédie d'un seul coup des milliers d'employés sans le moindre regret et sans autre excuse qu'une baisse de profits. L'être humain n'a plus de valeur quand il est question d'argent : c'est le chiffre d'affaires qui compte, pas la vie des personnes.

L'individu ne vaut plus que par comparaison, par son efficacité à rivaliser avec l'autre, c'est-à-dire dans la mesure où il profite à la compagnie, en vendant plus, en produisant toujours davantage, en se sacrifiant corps et âme au Moloch du gain, comme dans *Les temps modernes* de Chaplin ou *Métropolis* de Fritz Lang. Et la preuve qu'il s'est bien sacrifié, c'est son *burnout* ! Être soi-même, être fidèle à soi, faire de son mieux sans se prendre pour un autre, sans se soumettre à l'autre, tout cela n'a plus de valeur dans la société. On est engagé malgré soi dans un concours perpétuel et soumis aux jugement des plus forts. Et comme il y en a toujours au-dessus de soi, on a peu de chances d'être un jour gagnant, d'atteindre la performance parfaite.

Au lieu de favoriser chacun en célébrant son unicité, l'encourageant à donner sa mesure sans se comparer et le félicitant d'être fidèle à lui-même, on a créé un monde de perdants et de gagnants, de blancs et de noirs, de riches et de pauvres, d'habiles et de simples, de forts et de faibles, d'instruits et d'ignorants. Harcelé par une pub qui suinte de partout, on obéit à la mode, on imite les idoles, on achète tous les produits annoncés (quitte à faire ensuite des ventes-débarras pour dégorger son espace vital). Tout le monde va bêler ensemble au moindre signal, comme une salle qui se lève au moindre « levez-vous! » de l'amuseur public.

Le xxe siècle: la somme des progrès

De tous les siècles, c'est le xxe qui a été le plus développé au point de vue technologique, et ce, en tous les domaines – la médecine, l'électronique, la mécanique, les médias, l'organisation, les voyages, les loisirs, la recherche scientifique, les institutions scolaires. Pourtant, c'est aussi le siècle des génocides, de la guerre chimique, des goulags, des camps de travaux forcés, des tortures suprêmement raffinées. C'est le siècle des Pol Pot, Lénine, Staline, Hitler, Amin Ada, Ceausescu, Mao Zedong, le temps des mafias, des gangs de rue, du Guépéou soviétique, du CIA américain, des horreurs commises en Amérique du Sud, en Afrique, au Kosovo. C'est également l'époque des drogues mondialement répandues, des déviations sexuelles professionnellement organisées, du commerce des enfants par Internet, des parties du corps et des animaux menacés; c'est le temps des prêtres et autres éducateurs pédophiles, le siècle de maladies encore inconnues et pratiquement incurables malgré l'arsenal sophistiqué de la médecine. C'est le moment de l'histoire où les entreprises, à une échelle internationale, ont abusé de leurs employés et actionnaires, où l'agriculture est devenue une industrie presque aussi polluante que les autres, où les gouvernements ont appris à tricher et à tromper le public avec une sophistication jamais encore égalée. Ça a été un siècle où le pouvoir par l'argent n'a respecté aucune règle – comme en témoigne le documentaire *The Corporation*, et que nous le voyons chaque jour sous nos yeux. Finalement, ce fut le temps où le cocktail de la religion mêlé au nationalisme a explosé en affrontements planétaires.

Plus que tout autre et à cause même de son avancée technologique, le xxᵉ siècle est devenu un temps où riches et célèbres ont joué à leur guise avec les lois les plus fondamentales. Le nouveau slogan justifiant tout disait justement que *Greed is Good* – la cupidité, c'est une bonne chose. On a perdu le sens de la responsabilité, rien désormais n'était sacré, tout était profané, exposé, vulgarisé par l'image, le geste et la parole. Le langage était devenu vulgaire et grossier (dans le discours comme dans la chanson), et même dans la bouche de jeunes enfants.

Avec cette traînée d'immondices, on ne peut se surprendre de l'état actuel de l'humanité. La terre ressemble de plus en plus à un dépotoir matériel et moral – un monument dressé au gaspillage, à l'excès et à la violence. Seule une grande épreuve pourrait redonner à l'humanité son âme. Mais ce qui se produira sans doute, c'est simplement une réplique venant de la terre, une réplique à tous ceux qui ne veulent pas respecter la vie, la nature et les lois divinement inscrites dans les choses. Ces gens se détruiront eux-mêmes, sous l'impact des bouleversements terrestres. Car la terre et l'homme, ce ne sont pas deux choses : c'est un mariage. Tout se tient, tout « se renvoie la balle » constamment. Toutes choses forment un seul tout. Il en coûtera d'avoir oublié ou ignoré cette réalité fondamentale...

Un matin, il n'y a pas longtemps, je me suis réveillé avec un message venu des êtres de lumière. Voici ce qu'il disait :

« La loi d'équilibre qui mène le monde demande
que le fort protège le faible,
que le riche partage avec le pauvre,
que l'éveillé instruise celui qui ne l'est pas,
et que l'offensé et l'offenseur se réconcilient.
Sinon, la terre va placer l'homme face à ses égarements
en devenant elle-même complètement désordonnée. »

Chapitre 2

Un peuple mystérieux venu du Sud

D'où est venue la sagesse de l'Égypte?

Il suffit de songer à l'époque des pharaons pour que surgissent à l'esprit une foule d'images remplies de mystère et de grandeur. Des images, bien sûr, mais aussi de nombreuses questions. On peut, par exemple, se demander où ces gens ont puisé leur science, leur écriture énigmatique, leur créativité? Comment et pourquoi ont-ils construit les pyramides, et d'où leur est venue l'idée de cette forme originale, tout comme celle de l'obélisque et des temples? On peut également se demander comment ils ont fait pour produire une telle abondance d'œuvres – bâtiments, sculptures, peintures, reliefs sur pierre, joailleries, alliages, écrits de sagesse. Tout cela d'une beauté et d'une noblesse inégalées pendant 3000 ans et sans avoir apparemment connu une période d'apprentissage. Selon la comparaison saisissante de John West, qu'il vaut la peine de citer de nouveau, « c'est comme si la première automobile avait été une Rolls-Royce »!

Voilà des questions qui m'ont effleuré l'esprit lorsque pour la première fois je feuilletais des albums de l'ancienne Égypte. Ce questionnement, devenu finalement une véritable quête, m'a amené à me demander comment il se faisait que notre civilisation actuelle soit tombée dans un tel matérialisme, au point de perdre son âme dans la futilité et la violence. Qu'est-ce qui s'est perdu et comment cela a-t-il pu se produire?

Il a fallu du temps avant qu'une lumière finisse par percer. Finalement, je me suis dit: «Eh bien voilà! C'est clair que la sagesse, la culture, la conscience du divin se trouvent non pas à la fin mais au début – en amont – et que la civilisation ne suit pas la fameuse flèche du progrès mais dévale au contraire la pente de la régression. À tel point que graduellement mais infailliblement, l'inconscience s'installe à mesure que l'âme est remplacée par une science cérébrale, avec sa technologie de plus en plus envahissante et inutile.»

Je ne suis pas le seul à reconnaître cette pente qui suit une inconscience grandissante. Certains savants ont également compris que, malgré le progrès de la science, quelque chose d'essentiel s'est perdu à jamais. En effet, comme le dit le chercheur Charles Hapgood[37], «dans ma jeunesse, ma foi dans le progrès était simple et pure: il me semblait impossible que si l'homme avait une fois atteint une borne sur le chemin du progrès, il puisse faire le chemin inverse, c'est-à-dire qu'une fois le téléphone inventé, il n'allait jamais cesser de l'être; et si des civilisations passées avaient disparu, c'est qu'elles n'avaient pas appris le secret du progrès. Or, la science signifiait le progrès *permanent*, de sorte qu'il n'y avait pas de recul possible. Mais maintenant, avec la découverte de l'ancienne Égypte et de sa source, les Atlantes, cette conclusion n'était plus possible. Il se peut en effet que la science égyptienne que nous voyons apparaître au début de l'histoire n'ait pas été une science à sa naissance, mais plutôt les restes d'une science venue d'une grande civilisation inconnue[38]».

37. Professeur d'histoire des sciences en Nouvelle-Angleterre.
38. «Maps of the Ancient Kings», cité par Colin Wilson, *From Atlantis to the Sphinx*, p. 88.

Au début, la civilisation a tout d'abord intégré toutes les formes de connaissances humaines : spirituelle, intuitive, poétique, pratique, scientifique. Mais avec les Grecs, l'évidence du monde invisible et de l'intuition de l'éternité ont fait place au culte de la raison. Désormais, c'est l'analyse, l'objectivité, l'explication et la preuve qui allaient être les critères et les instruments de la vraie connaissance. L'âme avait fait place à l'intellect, la connaissance de nuit à celle de jour. C'est ce que nous dit en d'autres mots Umberto Eco : « L'histoire de la civilisation est une suite d'abîmes où se perdent des sommes insondables de connaissances. Les Grecs étaient déjà incapables de retrouver la connaissance mathématique des Égyptiens, et à son tour le Moyen Âge a perdu la science des Grecs. On pourrait continuer ainsi pendant longtemps. On remarquerait alors qu'à travers l'histoire, de grandes quantités de connaissances se sont perdues à chaque époque[39]. »

C'est cette conclusion incontournable qui m'a poussé à écrire le présent ouvrage. Il part de l'évidence que l'antique culture égyptienne a complètement dépassé celles qui lui ont succédé, au point d'être la plus évoluée de toutes, celle qui a même tracé le chemin – la civilisation non pas primitive mais primordiale. En ce qui regarde l'Égypte ancienne, mes recherches se sont faites lentement et à tâtons. J'ai commencé par collectionner une vingtaine d'albums illustrant les œuvres sculpturales et architecturales de cette tradition. Puis, à mesure que l'admiration montait, les questions également devenaient de plus en plus pressantes. Aussi, me suis-je entouré des sources les plus sûres possible afin de me faire une idée juste, au-delà du barrage d'interprétations fausses qui abondent sur un sujet si riche. Je me suis donc renseigné à partir des travaux pratiques de savants anglais et américains[40], des considérations philosophiques de chercheurs français[41] et des images

---

39. « Signs of the Times », *in Conversations on the End of Time*, p. 189. Un constat qui s'est vérifié avec Thomas d'Aquin et les artistes de la Renaissance italienne : tous deux ont tenté de rattraper le passé perdu, l'un en récupérant l'œuvre d'Aristote, et les autres en copiant l'art des Grecs.

40. Henri Stierlin, Regine Schulz, Matthias Seidel, Dietrich Wildung.

41. Colin Wilson, Charles Hapgood, John West, Robert Schoch, Robert Bauval et Graham Hancock.

superbes des photographes allemands[42]. Finalement, lorsque les savants ne s'entendaient plus sur une question comme le sens des pyramides, l'origine du Sphinx ou le rôle des Atlantes, j'ai eu alors recours à des sages et à des clairvoyants. Ces sources-là peuvent sembler un peu faibles du fait qu'elles sont invérifiables, mais elles contiennent des intuitions et des éclairages inaccessibles à la science contemporaine. J'ai donc intégré le témoignage que rapporte Platon, les intuitions savantes de R. A. Schwaller, Georges Gurdjieff et Rudolf Steiner, les visions du clairvoyant Edgar Cayce, ainsi que les instructions reçues personnellement des êtres de lumière – surtout d'Imhotep, le constructeur de la première pyramide que j'avais déjà consignées dans *Les compagnons du ciel* [43].

Pour ouvrir ce chapitre, j'aborderai l'œuvre à la fois la plus connue et la plus énigmatique de l'ancienne Égypte : le Sphinx de Gizeh. Comme son âge nous ramènera plusieurs siècles avant les pyramides, nous examinerons ensuite cette époque où les Atlantes ont émigré en Assyrie, en Inde et en Amérique centrale, pour s'installer finalement en Égypte. L'héritage qu'ils laisseront à celle-ci se manifestera dans des formes d'art inégalées et qui fourniront la matière des chapitres suivants.

La vieillesse du Sphinx

Le Sphinx est considéré comme le monument à la fois le plus ancien et le plus énigmatique. Située plus bas que les pyramides du plateau de Gizeh, ce n'est pas par hasard que cette statue, la plus monumentale de l'époque, soit tournée vers le soleil levant. Elle annonçait ainsi la renaissance de l'âme dans l'au-delà, puisque pour les Égyptiens le voyage vers la vie suivait le mouvement du soleil : commençant avec son lever (à l'est), il s'achevait par son coucher (à l'ouest).

---

42. Schwaller de Lubicz, Thierrry Enel et François-Xavier Héry, Christian Jacq, Élisabeth Laffont.

43. Éditions Quebecor, 2006.

Les spécialistes de l'Égypte ont toujours cru que ce monument, représentant une tête humaine sur un corps de lion[44], datait de l'époque des pyramides, puisqu'on le disait l'œuvre du pharaon Khephren (−2500). Celui-ci avait en effet gravé son nom sur une stèle située entre les pattes de la statue, après avoir restauré celle-ci − ce qui toutefois ne prouvait pas qu'il en ait été le créateur.

Le Sphinx, qui mesure près de 50 mètres de long et qui est situé plus près du niveau de l'eau que les pyramides, a été sculpté dans un énorme rocher émergeant des sables[45]. Cependant, la géologie, qui est plus pointue dans ses analyses que l'égyptologie traditionnelle, nous apprend que l'œuvre est beaucoup plus ancienne qu'on l'a cru jusqu'ici. Par exemple, les recherches menées par certains géologues autour des années 1980 ont montré que les érosions subies par la statue depuis le cou jusqu'aux pattes − la section qui est d'une pierre différente, plus friable − sont l'œuvre typique d'une usure par l'eau, et non d'une érosion par le vent et le sable. Il fallait donc remonter à l'époque lointaine où le Sphinx était entouré d'eau. Cela signifierait qu'il n'avait pas été construit par Khephren en −2500 pour immortaliser son nom, mais des milliers d'années auparavant, alors que le désert était encore vert et l'eau abondante[46].

C'est le grand géologue et paléontologue de Boston, Robert Schoch[47], qui proposa prudemment une première date. Il estimait que le Sphinx avait été créé vers les années −7000. Un savant belge, Robert Bauval, alla plus loin : selon lui, les pyramides de Gizeh avaient déjà été planifiées dans les années −10 450, à l'époque du Sphinx, pour n'être construites que beaucoup plus tard et que, par conséquent, le Sphinx ne serait pas l'œuvre des Égyptiens, contrairement aux pyramides. Ce sont les Atlantes qui l'auraient créé

---

44. Du fait que l'âge astrologique où fut créé le Sphinx est celui du Lion.
45. Thierry Enel, *Animaux du Nil, animaux de Dieu*, p. 87.
46. John West, *Serpent in the Sky*, 1979, ainsi que Charles Hapgood et Robert Schoch. Wilson, *op.cit.*, p. 41, 42 et 91.
47. Un spécialiste des sédiments de pierre, attaché à l'université de Boston.

au moment où ils sont arrivés en Égypte pour fonder la civilisation, c'est-à-dire justement vers −10 450.

L'Antarctique verte

Or, au cours de ces recherches auxquelles il participait, un professeur anglais d'histoire des sciences, Charles Hapgood, était parvenu à la même conclusion, mais en suivant une tout autre approche. Un jour, il tombe sur la fameuse carte d'un dénommé Piri Reis (1513) conservée au palais Topkapi à Istanbul. Cela l'amène à examiner les cartes médiévales destinées aux navigateurs[48]. Ce qui frappe le professeur, c'est que la carte détaillée et très précise appartenant au Turc montrait de toute évidence que son auteur avait habité quelque temps en Antarctique, à l'époque où ce continent était dégelé.

Or, comme ces cartes médiévales montraient aussi un pôle Sud sans glace, elles n'étaient, par conséquent, que des copies de cartes beaucoup plus anciennes de ce continent représentant celui-ci lorsqu'il était vert, c'est-à-dire entre les années −13 000 et −4000. Justement, les «carottes» de glace obtenues durant l'expédition de Byrd en 1949 indiqueront que la dernière époque chaude de l'Antarctique s'était achevée en −4000! De plus, vers 1650, un jésuite nommé Athanasius Kircher affirmait que la carte de l'Antarctique en sa possession avait été volée de l'Égypte par des envahisseurs romains et qu'elle montrait à la fois l'Amérique du Sud et le pôle antarctique plusieurs siècles avant que celui-ci ait été découvert en 1818!

Sur ces entrefaites, Hapgood apprend que la bibliothèque du Congrès américain possédait des copies de la fameuse carte de Piri Reis, mais que personne ne leur avait prêté attention, puisqu'on les croyait l'œuvre de marins ignorants du Moyen Âge. Pourtant, en 1889, E. Norkeskold, un savant norvégien, s'était rendu compte que ces cartes étaient à la fois beaucoup plus précises que celles du Moyen Âge, et même plus encore que celles dressées par Ptolémée en 150.

---

48. Appelées *portolans*, un mot italien signifiant «de port en port».

Que l'Antarctique ait été verte à une époque n'a pas à nous surprendre, puisque, à l'égal de la plupart des continents, elle était passée du gel au dégel et d'une région à l'autre. De sorte que, à un moment donné, elle se trouvait entre la Patagonie et le cap de Bonne-Espérance. Et c'est à ce moment que la carte de Peri Reis aurait été tracée. Selon Hapgood, la glace peut faire que la croûte terrestre se déplace comme un tout. Si bien qu'à une époque, les îles britanniques étaient remontées mille kilomètres plus haut et la baie d'Hudson avait déjà été située au pôle Nord.

Dans un ouvrage préfacé par Einstein[49], notre professeur dit que des bouleversements terrestres soudains et inexplicables peuvent changer les climats et même éliminer des populations entières de vivants, comme ce fut le cas pour les mammouths sibériens retrouvés à Beresovka en 1901 et figés dans une position verticale, une bouchée de boutons d'or entre les dents! En tout cas, il était clair pour lui qu'une civilisation maritime avait dû émerger du pôle Sud à une époque très reculée. C'était également la conclusion de deux autres chercheurs indépendants, Rand Flemming et Graham Hancock.

Des sages venus du Sud

Comme il a été indiqué précédemment, à l'époque où l'Antarctique était verte, elle était située plus au nord – entre la Patagonie et le cap de Bonne-Espérance –, là où passe le grand rift océanique, un lieu reconnu pour ses séismes maritimes[50]. Il était donc naturel qu'il se produise un jour de grands bouleversements qui détruiraient cette île. C'est ce que le philosophe Platon raconte[51], appuyé sur le témoignage d'un sage nommé Solon. Revenu d'Égypte en –600,

---

49. *Earth's Shifting Crust. Le mouvement de la croûte terrestre*, 1959, *in* Wilson, *op. cit., p.* 89.

50. Le rift est un grand fossé d'effondrement, comme celui de San Andrea en Californie. Dans l'Atlantique, il existe un rift situé à l'ouest de l'Afrique et qui s'étend de la dorsale atlantique (la partie nord côtoyant l'Amérique) à la partie sud (longeant sur toute sa longueur la côte sud de l'Afrique). Comme cette dorsale est une crête surplombant deux grandes masses de basalte, elle est un terrain exposé aux séismes et aux volcans maritimes.

51. Dans le *Timée* et le *Critias*.

celui-ci venait annoncer que c'était un peuple très avancé qui avait présidé au destin de l'Égype et que, par conséquent, elle n'avait pas inventé la civilisation. En effet, Solon avait appris d'un prêtre égyptien que l'origine de la civilisation égyptienne remontait au peuple des Atlantes, qui avaient habité un continent désormais perdu. Le prêtre lui fournit un certain nombre de détails concernant l'histoire de ce peuple, esquissant le plan de leur capitale et du sanctuaire consacré au soleil – une pyramide entourée d'eau! – d'où émanaient la connaissance et la religion. Platon dit également que selon cette tradition, chacun était relié à une étoile vers laquelle il s'en allait à la fin de sa vie. Or, dit Platon, la catastrophe qui a définitivement éparpillé les Atlantes aurait eu lieu autour de −10 000[52].

Mais Platon n'est pas le seul à parler des Atlantes. Un fragment d'un ouvrage perdu de Théopompe de Chios, un historien de −300, mentionne un pays situé dans l'océan Atlantique, dont les habitants avaient atteint un haut niveau de civilisation et de puissance. Il évoque leur conquête de l'Europe et l'introduction de leur culture sur les bords de la Méditerranée. Et selon Proclus, un philosophe grec du Ve siècle, les habitants des îles de l'Atlantique gardaient le souvenir d'une île beaucoup plus grande appelée Atlantide.

Donc, ces groupes que Platon appelle Atlantes en raison de leur lieu d'origine, quittent leur continent, et comme ils sont très proches de l'Afrique et de l'Amérique du Sud, certains vont naturellement essaimer dans ces régions, surtout au nord de ces continents, où le climat était plus favorable: l'Amérique centrale, l'Assyrie, l'Inde et l'Égypte. Ils ne seraient pas tous partis en même temps, mais à la suite de deux bouleversements qui, dit-on, auraient eu lieu vers les années −50 000 et −10 000[53].

---

52. Il faut cependant reconnaître que le récit de Platon a des allures de légende, mais comme c'est notre seul témoin de l'époque, on doit s'en contenter.

53. « Le fait que les Atlantes en quittant leur île aient fait rayonner leur culture aussi bien vers l'Orient que vers l'Occident, fournirait la réponse à la question de savoir pourquoi nous trouvons de nombreux principes communs dans les religions, les arts et les sciences dans différentes civilisations anciennes, séparées pourtant les unes des autres par des distances considérables. » Thierry Enel, *Le message du temple*, p. 99.

D'autres témoins plus récents ont parlé des Atlantes, surtout Edgar Cayce et Rudolf Steiner. Dans les années 1920, le clairvoyant Cayce transcrivait ses visions du peuple atlante. Il apprenait que ces êtres possédaient en effet des pouvoirs très élevés d'intuition, de concentration mentale et de contrôle sur la matière. Ils communiquaient non par la parole, mais de façon télépathique. Ils avaient inventé une machine qui volait en même temps qu'elle pouvait naviguer sous l'eau – ce que nous ne savons pas faire même avec notre technologie.

Selon Cayce et Steiner – un sage à la fois savant et médium –, certains Atlantes devenus cupides et matérialistes se seraient épris de leurs pouvoirs grandissants. Par exemple, une fois qu'ils eurent découvert l'énergie nucléaire, il l'auraient utilisée à mal, provoquant des séismes et des éruptions volcaniques qui ont amorcé une première dévastation vers les années –50 000. Il est étonnant d'évoquer ici la réponse du savant Oppenheimer – le père de la bombe atomique et de la bombe à hydrogène dans les années 1940 –, à qui on demandait si cette bombe atomique était la première qui avait jamais été créée. Il aurait dit: «C'est la première dans les temps modernes[54].»

La dernière source de renseignements sur les Atlantes est justement Imhotep lui-même, que j'ai contacté plusieurs fois à travers une médium. Selon lui, qui faisait d'ailleurs partie des Atlantes, ces êtres – qui étaient des «formes-pensées» – venaient d'un plan supérieur, certains ayant été des anges qui avaient décidé de s'incarner. Comme ils étaient incomparablement doués, on les avait appelés des dieux. De taille géante – près de 3 mètres –, ils voyageaient par lévitation ou par des vaisseaux aériens, aujourd'hui appelés ovnis[55]. Ils captaient les énergies du soleil au moyen de grands cristaux ainsi que celles des végétaux au moyen du son

---

54. Shirley, p. 170. En effet, Imhotep m'avait appris qu'Oppenheimer avait été un des Atlantes qui, à l'époque, abusaient de leurs pouvoirs et qu'il avait répété encore une fois l'erreur fatale de naguère.

55. Les textes classiques de l'Inde, le *Bhagavata Purana* et le *Mahabharata* dépeignent l'arrivée de dieux en bateaux aériens. C'est ainsi que le Manu de l'Inde – l'équivalent du Noé biblique – descendit pour recommencer l'humanité – celle qui s'achève présentement. Shirley, p. 170.

qu'ils utilisaient aussi pour guérir. Comme ils connaissaient les secrets de la matière, ils pouvaient se rendre invisibles. C'est ainsi que l'on n'a jamais pu trouver un seul corps d'Atlante[56]...

Nous pouvons maintenant conclure avec le savant Charles Hapgood : «L'évidence présentée par les cartes anciennes suggère qu'avant toute culture connue, il existait une civilisation très avancée qui avait un rayonnement planétaire. Cette culture devançait de beaucoup celles de la Grèce et de Rome qui arriveraient plusieurs siècles après. Par exemple, en sciences géodésique, nautique et cartographique, elle était supérieure à toute culture antérieure au XVIIIe siècle. En effet, ce n'est qu'à cette époque que nous avons développé le moyen de connaître les longitudes, comme c'est à ce moment également que nous avons pour la première fois mesuré correctement la circonférence de la terre! Et ce n'est qu'au XIXe siècle

---

56. Selon Imhotep toujours, il y avait eu de la bisbille chez les Atlantes lorsqu'ils vivaient en Atlantide : ceux qui étaient devenus matérialistes et égocentriques se sont révoltés contre ceux qui étaient demeurés fidèles à la voie spirituelle. Ce conflit serait justement celui dont parle la Bible lorsqu'elle mentionne un combat entre «les anges bons et mauvais». Les Atlantes matérialistes, devenus avides de pouvoir, se sont mis à manipuler la matière, à travers les gènes et les atomes. Ils ont ainsi créé des hybrides – homme-cheval (centaure), homme-taureau (minotaure), homme-poisson (sirène), homme-singe (Cro-magnon, Néanderthal), etc. Du reste, la Bible mentionne l'existence d'êtres géants qui se seraient unis à des humains. Cependant, ces manipulations génétiques n'ont été que des épisodes sans suite. Quant à la manipulation des atomes, cela a mené à la bombe atomique et aux désastres qu'elle a entraînés alors que sa radioactivité s'est enfouie dans la glace.

Il est important de faire remarquer que les hybrides en question (sirènes, centaures, hommes-singes) n'ont rien à voir avec les statues à têtes d'animaux que l'on trouve partout dans l'art de l'Égypte. En effet, ces figures symbolisant diverses fonctions de la nature (naissance, mort, renaissance, transformation, maternité) sont évidemment autre chose que ces créations hybrides – ce sont des expressions de l'énergie divine manifestée dans la création. Ils rappellent la présence de l'invisible. Ce sont des évocations spirituelles, alors que les hybrides étaient des signes de pouvoirs déréglés.

On remarquera enfin que ces déviations (hybrides, essais nucléaires) apparaissent de nouveau aujourd'hui, pour conduire finalement au même résultat – la dissolution morale, la nature déglinguée.

que nous avons envoyé des bateaux explorer les mers arctiques et antarctiques et alors seulement avons-nous sondé le fond de l'Atlantique. Eh bien, les cartes anciennes indiquent qu'un peuple disparu faisait déjà toutes ces choses[57]. »

---

57. Cité par Colin Wilson, *op.cit.*, p. 81.

Chapitre 3

La naissance de l'Égypte

Les peuples préhistoriques

Avant qu'apparaisse l'empire égyptien – c'est-à-dire durant l'époque qui va de –10 000 à –3 200 –, plusieurs cultures ont été ensemencées par des groupes d'Atlantes : l'Assyrie, l'Inde, l'Amérique centrale, peut-être même la Chine. Pourtant, aucun de ces peuples n'a fleuri comme l'Égypte qui, dès sa naissance, révélait une maturité déjà complète. Comparativement, ces autres peuplades ont pris beaucoup de temps avant de s'enraciner, et même une fois développées, elles ne pouvaient se mesurer à la grande supériorité de l'Égypte.

Certes, l'art et la technologie de l'âge de pierre ont pu enthousiasmer maints archéologues, enclins à démontrer que l'homme préhistorique était hautement développé, un peu comme aujourd'hui ils cherchent à nous convaincre que le singe arrive à faire aussi bien que Picasso. Gardons tout de même un sens des proportions ! Car si on considère les statues sumériennes apparaissant avant –3000, elles sont incomparablement plus primitives que celles de l'Égypte à la même époque. Et si l'empire assyrien, qui s'étendait du Tigre à l'Euphrate, a connu l'invention de l'écriture, la numération décimale et la maîtrise du calcul, on peut dire en revanche que ses créations artistiques – bâtiments, sculptures, poteries, ouvrages sur métal[58] – ont été largement influencées par celles de l'Égypte qui les avait du reste précédées depuis longtemps. On peut en effet se faire une idée du niveau spirituel des Assyriens en citant un passage de la célèbre épopée de Gilgamesh taillée dans la pierre, vers –1700, c'est-à-dire quatre siècles après Louksor et Toutankhamon, donc à l'époque des grands textes spirituels égyptiens comme celui que j'ai cité à l'ouverture du premier chapitre. Dans le texte suivant, on fait les leçons suivantes à Gilgamesh :

Où cours-tu, Gilgamesh ?
La vie que tu cherches,
Tu ne la trouveras pas.
Quand les dieux ont créé l'humanité,
C'est la mort qu'ils lui ont réservée.
La vie, ils l'ont retenue entre leurs mains.
Toi, Gilgamesh, que ton ventre soit repu,
Jour et nuit, réjouis-toi...
Contemple l'enfant qui te tient la main,
Qu'une épouse vienne se réjouir sur ton sein
C'est cela l'affaire des humains[59].

Par conséquent, on est loin de la sagesse et de la conscience spirituelle des Égyptiens, qui voyaient l'homme comme un être divin !

L'Inde

La civilisation indienne à l'époque précédant celle des pharaons (–3200) demeure encore primitive, si on prend comme exemples les villes de Harappa et de Mohenjo-Daro, qui, du reste, n'apparaîtront qu'un millénaire plus tard ! Dans les ruines qui en restent, on a découvert une tête sculptée d'homme barbu, des équipements hydrauliques, des ouvrages défensifs, des statues de pierre assez

---

58. Exemples : le ziggurat d'Ur (dans l'Irak d'aujourd'hui), les statues en pierres émaillées du roi Assurbanipal à Ninive, ainsi que le code d'Hammourabi gravé sur une stèle de basalte...
59. Annie Caubert et Patrick Pouyssegur, *L'Orient ancien*, Paris, Éditions Pierre Terrail, 1997, p. 196.

sommaires ainsi que des poteries très variées. Mais cela ne se compare tout de même pas avec l'Égypte de la même période, c'est-à-dire celle des grandes pyramides ! Un millénaire plus tard, en –1500, arriveront les grands textes de la sagesse védique, et mille ans après naîtra l'art bouddhiste – si beau et si noble qu'on peut dire de l'Inde qu'elle a produit très peu d'œuvres importantes avant l'arrivée de cette grande tradition.

La Chine

Les indices d'une présence atlante en Chine sont possibles mais loin d'être évidents. On sait toutefois que la civilisation chinoise est apparue beaucoup plus tard que celles de l'Inde et de l'Assyrie. Tout commence vraiment avec la dynastie Shang (–1500) qui correspond à l'apparition des textes védiques de l'Inde. Les Chinois inventent alors le bronze, avec lequel ils façonnent des vases de formes plutôt angulaires, mais c'est surtout dans les sculptures de céramique et de porcelaine glaisée qu'ils excellent. On invente également le char à timon, un système de numération particulière et une écriture unique basée sur des pictogrammes qui n'est pas totalement étrangère à l'esprit des hiéroglyphes avec leurs images. En effet, conformément à la sagesse antique, les Chinois privilégiaient le langage des sens et l'intuition à l'abstraction. Mais il demeure étonnant que cette civilisation devenue si importante avec le temps se soit développée si lentement, comparativement à celle de l'Égypte.

La seule civilisation qui, à part cette dernière, semble avoir été fortement influencée par les Atlantes, se situe dans les régions de l'Amérique centrale et du Mexique. Toutefois, ce sont les œuvres surtout architecturales – en particulier les pyramides à degrés ou à escaliers – qui la rapprochent de l'Égypte.

Il faut aussi ajouter que ce sont probablement des Atlantes « matérialistes » qui se sont installés en Amérique centrale et qui ont inspiré à ces peuples les pyramides à escaliers. En effet, celles-ci servaient surtout à offrir des sacrifices humains au dieu solaire, afin de s'assurer que le soleil continuerait à se lever chaque matin

– une pratique qui avait justement horripilé les Espagnols envahisseurs.

L'Amérique centrale

Dans son livre écrit en 1991, un spécialiste des anciennes civilisations[60] soutient que les Amériques du centre et du Sud furent
visitées par des survivants d'une grande catastrophe. D'autres recherches indiquent que cette civilisation remonte bien avant la date
de –2000 proposée par les encyclopédies. En effet, selon le très savant Graham Hancock[61], les Incas auraient bâti Machu Picchu vers
–4000, alors que les Aztèques existaient dès les années –20 000.
Pour en avoir le cœur net, Hancock est allé visiter les lieux en question.

À Machu Picchu, il s'extasie devant « des blocs géants juxta-
posés avec une telle exactitude qu'il est impossible d'y insérer
une feuille de papier ». Il y trouve aussi des blocs polis – des
monolithes de 4 sur 2 mètres et pesant 200 tonnes...[62] Même étonnement devant Chichen Itza, au Yucatan, où il admire la grande
pyramide de Kukulan, avec ses 365 marches, et finalement celle
des Mayas à Cholula près de Mexico, qui est trois fois plus mas-
sive que la grande pyramide de Gizeh, puisqu'elle couvre 45 acres,
ce qui en fait la plus grande structure existante[63].

À Tiahuanaco, notre savant découvre une légende racontant
qu'un dieu blanc serait un jour arrivé de la mer. Et près du lac
Titicaca, il découvre un bateau de roseaux, ainsi qu'un temple
étonnant construit avec des blocs de 440 tonnes – plus que le
double de ceux du Sphinx, pourtant déjà très lourds –, ainsi que
des pierres de granit pesant plus de 100 tonnes chacune (l'une
d'elles en faisait 367) et taillées avec grande maîtrise, de sorte
qu'elles s'ajustaient nonchalamment aux autres pierres, comme
si elles étaient faites de cire. Curieusement, les Indiens mention-

---

60. David Frawley, *Gods, Sages and Kings*, cité par Colin Wilson, *op. cit.*, p. 228.
61. En 1995. Voir Wilson, *op. cit.*, p. 118-123.
62. Wilson, *op. cit.*, p. 123.
63. *Ibid.*

nent une cité qui aurait été bâtie en une seule nuit, ainsi que des pierres transportées miraculeusement au son d'une trompette[64] !

Or, bien avant Hancock, c'est-à-dire en 1948, un chercheur dénommé James Churchyard avait découvert en Inde des inscriptions faites par des Mayas. Il reçoit même d'un prêtre brahmane la permission de copier ces textes. Leur existence indiquerait qu'il y aurait eu des rapports entre les deux civilisations, toutes deux ayant été visitées à des moments différents par des Atlantes[65].

Bien avant ces deux chercheurs – en 1873 –, le Français dénommé Auguste Le Plongeon apprend la langue des Mayas, pour ensuite visiter leurs ruines célèbres. Il conclut que le lac Titicaca, juché au sommet d'une montagne, avait déjà été situé au niveau de la mer. Il recueille des légendes de sages qui auraient eu le pouvoir de matérialiser des objets et de se rendre invisible[66]. Cet homme traduit courageusement un texte important, le *Codex Troano*, qui mentionne une catastrophe survenue en Atlantide vers −10 000. Et en mesurant la pyramide des Mayas, il découvre que le rapport entre sa hauteur et sa base est le même qu'entre le rayon du globe terrestre et sa circonférence[67].

En remontant plus loin dans le temps, un autre Français, Charles Étienne Brasseur (1862), découvre un livre appartenant au peuple Guiché, le célèbre *Popul Vuh*, qu'il traduit en français. Il fait également connaissance d'un autre texte, le *Codez Tro-Cortesianus*, qui mentionne une grande catastrophe ayant eu lieu en Amérique centrale vers l'an −10 000. Les Indiens Guiché racontent également que c'est de l'Atlantide que la civilisation était

---

64. Wilson, *op.cit.*, p. 119. Ces coïncidences sont trop évidentes pour n'être pas reliées à la construction des pyramides de Gizeh, réalisées très rapidement par des initiés au moyen de la pensée et du son. Les légendes amérindiennes nous rappellent également la chute du mur de Jéricho, qui s'est faite également au son de trompettes.

65. Wilson, *op. cit.*, p. 108.

66. Wilson, p. 106. Ces pouvoirs rappellent ce que Castaneda a raconté au sujet de don Juan. Celui-ci serait-il un descendant de ces sages?

67. C'est également le cas pour la grande pyramide de Gizeh.

arrivée en ces lieux ainsi qu'en Égypte. Cela était confirmé par des écrits de la tribu Nahuatl dont Brasseur avait appris la langue. Grand bien lui en fit, puisqu'il a pu ainsi défricher leur *Codex Chimal Popoca* qui mentionne un bouleversement aux environs de −10 500, en plus de quatre catastrophes reliées à l'ébranlement de l'axe terrestre[68].

Vingt ans plus tôt, un Anglais[69] en visite dans ces régions découvre lui aussi le Yucatan sur le golfe du Mexique, où il reconnaît une civilisation naguère hautement sophistiquée. Il remarque également que la pyramide maya à Copan évoque la pyramide à degrés de Saqqara, bâtie par Imhotep vers −3200. Il croit du reste que la culture maya s'est perdue à partir de − 2500.

Vers l'an 1697, un autre voyageur, cette fois-ci italien[70], visite le Mexique et, sous l'effet de son étonnement, décide d'écrire un livre dans le but de présenter la civilisation aztèque aux Européens. Mais ceux-ci bien sûr refusent de croire que des « sauvages » aient pu créer une culture aussi avancée ! Cependant, la même année, un historien espagnol[71], qui connaissait la langue des Olmèques, apprend que ce peuple était initialement venu de l'Est par voie maritime, c'est-à-dire de l'Atlantide[72]. Il apprend également que les ancêtres de l'Amérique centrale possédaient de grandes pyramides tout comme celles de l'Égypte, en particulier l'immense structure de Cholala. Selon lui, les Espagnols ne comprenaient pas comment les blocs énormes de Teohtihuacan avaient pu être taillés et transportés par des sauvages incultes et barbares. Et lui-même n'a pu rencontrer un seul Indien capable de le lui expliquer[73]. Notre savant reconnaissait pourtant que les Olmèques avaient été jadis un peuple d'une culture très avancée. Il apprit, par exemple, que selon leurs calculs, la durée de l'année était de 364,2420 jours, un chiffre plus précis que celui des Européens ! Il

---

68. Wilson, *id.,* p. 103.

69. John Lloyd Stephen, *Incidents of Travel in Central America,* 1841.

70. Giovanni Careri, cité par Wilson, *ibid.*

71. Don Carlos de Siguenza, cité par Wilson, *ibid.*

72. Wilson, *op. cit.,* p. 97.

73. Wilson, *op. cit.,* p. 100.

reconnaissait également que leur calendrier était aussi sophistiqué que celui des anciens Égyptiens, qui datait d'environ –4042, c'est-à-dire de l'époque où les Atlantes étaient déjà à l'œuvre[74].

L'Égypte à sa naissance

«Aux origines, durant les temps néolithiques (–20 000 à –4000), les zones désertiques qui enserrent aujourd'hui le Nil ont été l'objet de transformations lentes. Les gravures de Tassilé et des autres sites sahariens nous montrent que les solitudes de sable et de roc que nous connaissons étaient, voici 7 à 10 mille ans, des pâturages gras où vivaient pachydermes, ruminants, fauves, reptiles, ainsi que de petites colonies humaines. Mais autour de –5500, la raréfaction des pluies a graduellement transformé ces terres en lieux désertiques. Progressivement, les chasseurs, les cueilleurs et les premiers pasteurs et agriculteurs ont dû chercher ailleurs de nouveaux espaces. Et c'est en particulier sur les rives du Nil – seul fleuve permanent descendant de l'Afrique pluviale vers la Méditerranée – qu'ils trouvèrent leur paradis.

«Au début, le nord et le sud, bien qu'unis par le fleuve, constituaient des royaumes séparés, même en rivalité. C'est le roi Ménès (–3100) qui unifia le pays : la Basse-Égypte (au nord) et la Haute-Égypte (au sud) devinrent enfin le Royaume Uni de l'Égypte. Désormais, les pharaons, pour signifier leur autorité sur les deux régions, porteraient la mitre (représentant la Haute-Égypte, celle du sud) et la couronne rouge (la coiffure évasée de la Basse-Égypte au nord)[75].»

---

74. Wilson, *op. cit.*, p. 74.

75. Tiré d'Henri Stierlin, *Égypte : un art pour l'éternité* (avant-propos), Paris, 1993. Né à Alexandrie en 1928, cet historien de l'art et de l'architecture effectue une vingtaine de missions en Égypte, sur les sites archéologiques et dans les musées du Caire et de Louksor. Il y étudie et photographie les principaux chefs-d'œuvre de l'art égyptien et crée en 1964 la collection «Architecture universelle». Il est l'auteur de *Tanis – Trésor des pharaons* (Fribourg, 1987); *Les pharaons bâtisseurs* (Paris, 1992); *L'or des pharaons* (Paris, 1993), et il dirigea la publication *Égypte, de la préhistoire aux Romains* (Paris, Taschen, 2004).

Ainsi, lorsque l'Égypte était verte et l'agriculture florissante, les habitants de ces régions ont développé des outils agricoles, découvert le cuivre et la façon d'en tirer des ustensiles, et travaillé avec beaucoup d'adresse la pierre, le plomb et le fer. Ils savaient polir des anneaux de silex si délicats que le moindre choc les aurait fait éclater; créer également des ornements d'ivoire, des bijoux en or et en argent, des objets de verre exigeant des températures élevées. C'est également à cette époque que furent créées la vis sans fin taillée dans l'ivoire, ainsi que des aiguilles percées pour coudre un lin aussi fin que la soie. Par conséquent, vers les années −4000, l'artisanat dans les terres d'Égypte était déjà très avancé. Les Atlantes, c'est clair, étaient déjà à l'œuvre, préparant doucement la nouvelle civilisation.

Selon Cayce, la science préhistorique avait également maîtrisé l'usage des lignes magnétiques de la terre − appelées *leys* − qui allait permettre aux initiés de déceler les lieux favorables à la création de temples, de stèles sacrées et de statues comme le Sphinx, ou d'observatoires astronomiques telles que Stonehenge et les grandes pyramides[76].

Mais c'est tout d'abord par des découvertes dans le domaine des métaux, de l'ivoire et du silex que la culture a commencé à se manifester. Par conséquent, si on peut dire que la civilisation égyptienne a connu une période préparatoire dans le domaine de l'artisanat, il reste que le saut qui s'est produit à la naissance de l'empire égyptien est tellement gigantesque et soudain qu'il apparaît comme un soleil éclatant après la noirceur de la nuit!

---

76. Wilson, *op. cit.*, p. 87. Selon Norman Lockyer, astronome et fondateur du magazine *Nature*, Stonehenge daterait des environs de −3000.

Deuxième partie

La grandeur de l'Égypte ancienne

Chapitre 4

Un art pour l'éternité

*Les monuments égyptiens des temps les plus
antiques ne montrent aucune trace de l'enfance de l'art :
au contraire, ils se manifestent tous à un âge adulte
et plein d'expérience... Et en remontant les siècles,
on les voit toujours briller de la même splendeur.*

Jean-François Champollion[77]

Un sommet de l'art

C'est surtout par des œuvres d'art que l'Égypte a exercé un attrait
puissant et durable sur le monde. À l'époque des pyramides, près
de 3000 ans avant notre ère, aucune civilisation n'a fait plus grand
ni plus beau. Toutes les matières ont été maîtrisées, de la pierre la
plus dure (diorite, granit, basalte) au verre, à l'ivoire, à l'or et à
l'argent ; toutes les branches de l'artisanat ont été exploitées avec
la même habileté... Pourtant, l'art de l'époque n'était pas pour le

---

77. *Précis du système hiéroglyphe*, Paris, Académie des Inscriptions et Belles-Lettres, 1824. Champollion est celui qui a défriché l'univers des hiéroglyphes et révélé au monde la sagesse égyptienne.

créateur l'occasion de libérer ses émotions, de s'exprimer lui-même ou de faire nouveau. La vérité à laquelle aspirait le créateur égyptien devait s'exprimer à travers des règles consenties, des adaptations de vision, des conventions stylistiques rigoureuses : visage de profil, torse et épaules de face, taille et jambes de profil. La simplification des formes suivent des canons imposés par l'ensemble a été plus forte que l'affirmation de l'individu, qui n'aspirait même pas à signer son œuvre[78].

Le statut d'artiste indépendant n'existe pas à cette époque. Il n'y a même pas de terme pour désigner la notion d'«art» ou d'«artiste». Mais cela n'a pas empêché cet art de nous toucher, bien au contraire. À travers sa sculpture, ses reliefs et sa peinture, c'est un art qui nous émeut. Il s'en dégage une impression extraordinaire de plénitude et de joie. On éprouve une émotion de constater l'immédiate identification qui s'établit entre les artistes de l'Égypte ancienne et notre propre sensibilité, entre les artisans d'il y a 3, 4 ou près de 5 millénaires, et notre monde moderne.

Une émotion surtout devant l'humanité fraternelle que l'on ne peut s'empêcher de percevoir en déchiffrant les formes des statues, l'expression des masques, la vie des reliefs où s'activent des êtres idéalisés au point de se transformer parfois en personnages immuables – comme le montre, par exemple, la statue de Khephren en diorite, maintenant au musée du Caire, où s'exprime la sereine assurance de la vie éternelle.

Bien que séparés par 100 ou 200 générations, nous ressentons la proximité avec ces «ouvriers de l'art». Ils sont là. Ils nous touchent profondément par leur élan qui est aussi le nôtre. Nous établissons un contact avec eux à travers leurs créations, puissantes, douces, inaltérables et intensément présentes[79].

Ainsi le faucon sculpté à l'époque de Necta Nebo et qui se trouve maintenant au Metropolitan Museum de New York, d'une étonnante perfection, qui nous touche par son humanité. Le rapace

---

78. Tiré d'Henri Stierlin, *Un art pour l'éternité*, p. 13.
79. *Ibid.*

géant maintient entre ses pattes un homme de petite dimension, à peine évoqué, blotti contre le poitrail de l'animal divin[80].

Ces objets, reprend Henri Stierlin, nous disent leurs aspirations orientées vers un seul but : abolir le temps et la mort. Ils nous aident à croire en une certaine pérennité du monde à laquelle ils contribuent avec leurs œuvres, où nous discernons un bonheur indicible, un message impérissable, que seule la beauté peut nous donner[81].

Chez les artistes de cette civilisation, les règles qui régissent le monde de l'art ne sont jamais une fin en soi. L'intention spirituelle est toujours première. Ce qui guide, c'est le principe de l'harmonie qui régit l'ordre de l'Univers et que l'artisan essaie de reproduire dans ses œuvres. L'harmonie, la paix intérieure qu'elle donne, l'accord entre les choses et la vie qui rayonne dans la nature[82].

La sculpture

L'art égyptien ne vise ni à conférer à la sculpture une ressemblance naturaliste ni à donner d'un modèle une image exacte[83]. L'art veut tout dire d'un individu et l'idéalisation cherche à le dépouiller de ses caractères accessoires, transitoires. On n'y trouve guère de détails morphologiques précis : ainsi, les signes de vieillissement ou les défauts physiques ne sont que rarement reproduits. L'idéalisation a pour mission, au contraire, de fixer d'un souverain une image type, éternelle et dépouillée de tout aspect périssable[84].

---

80. François-Xavier Héry et Thierry Enel, *Animaux du Nil, animaux de Dieu*, Aix-en-Provence, Édisud, 1993, p. 14.

81. Henri Stierlin, *ibid.*

82. Héry et Enel, *La bible de pierre*, p. 34. Voir le chapitre 6 consacré à l'harmonie.

83. Sauf sous le règne d'Akhénaton, qui inspira un naturalisme parfois même grotesque.

84. Héry et Enel, *La bible de pierre*, p. 34.

Un des traits essentiels et étonnants de la statuaire et de la peinture qui décorent les temples, c'est qu'elles ne sont pas faites pour être contemplées par le peuple! Dans l'intention de leurs créateurs, elles restent invisibles pour le commun des mortels et c'est parce que notre sans-gêne nous a habitués à vouloir tout regarder, tout exposer, que nous pénétrons dans des lieux sacrés considérés comme inviolables par les gens de l'époque. Seules les âmes pour qui ces lieux étaient créés devaient les voir, y passer ou y habiter. C'était, comme on va le voir plus loin, la même chose en ce qui regarde les pyramides.

Depuis des années, il s'est produit un grand nombre d'ouvrages – grands albums en couleurs, cahiers de revues savantes comme le *National Geographic Magazine* et *Science & Vie*, commentaires illustrés, sites électroniques – qui présentent les chefs-d'œuvre de l'antique Égypte. Toutefois, on peut très bien se faire une idée de cet art en consultant tout simplement les livres suivants: de Henri Stierlin, *L'Égypte: un art pour l'éternité* (Éditions Milan, Barcelone, 2003); de Régine Schulz et Matthias Seidel, *L'Égypte sur les traces de la civilisation pharaonique* (Könemann, Cologne, 2004); et de Dietrich Wildung, *Égypte, de la préhistoire aux Romains* (Taschen, Berlin, 2004), également sous la direction de Stierlin. Pour ceux qui, par leur fréquentation de l'Égypte, du Louvre ou du Metropolitan Museum de New York, auraient acquis une connaissance de l'Égypte ancienne, une liste de ses chefs-d'œuvre semblerait superflue. Par ailleurs, pour ceux qui ne connaissent pas cette mine, une telle liste aux noms étranges ne dirait rien. C'est pourquoi j'ai décidé de m'en tenir aux ouvrages mentionnés précédemment, tout en privilégiant avant tout le superbe livre d'Henri Stierlin.

Les peintures murales

Si presque toute la statuaire représente les pharaons et leur entourage, en revanche, les peintures, comme celles de Saqqarah, montrent les gens du peuple dans leurs habitats et leurs activités journalières. On y reconnaît les divers aspects du travail des gens de l'époque. On y voit l'homme labourer, moissonner, battre le blé et transporter le grain aux greniers. Des images nous le montrent aussi en train de planter la vigne et de presser le raisin, de fabriquer la bière et de cuire le pain. Ici, nous le voyons élever le bétail ou capturer des bêtes sauvages, qu'il domestique ou tue pour les manger. Là, nous le voyons pêcher ou attraper les oiseaux dans les fourrés de papyrus du delta. Certaines de ces scènes sont à la fois gravées et peintes à la perfection, et nous y reconnaissons la faune africaine dans le détail le plus exact.

Ce qui frappe dans toutes ces œuvres, c'est la joie de ces gens, leur bonheur et leur communion avec la nature. On ne les voit pas dominés par un maître, écrasés sous le labeur ou punis par des contremaîtres sans pitié. En fait, on les voit toujours travailler sans contrainte ni surveillance.

Comme l'Égypte du Nil était alors un pays essentiellement agricole, une grande partie des peintures et des bas-reliefs se rapportent aux travaux de la terre. Dans nos musées, nous avons de nombreux spécimens de semences datant des temps pharaoniques. Nous trouvons dans les tombeaux, parmi les offrandes, de l'orge, du froment et des oignons, aussi bien que du miel, du pain, de la bière, de la viande, etc[85].

Outre les travaux du sol, nous voyons des scènes se rapportant à des métiers. Ici, un potier, fabriquant un vase sur son tour; là, la boutique du briquetier; plus loin, celle du menuisier-charpentier. Toutes ces images montrent les procédés utilisés et les outils alors en usage. Un certain nombre de modèles réduits de ces derniers ont été trouvés dans les tombeaux et se trouvent maintenant dans nos musées. Il y aussi des jouets, des poupées ou de petits personnages qui reconstituent des scènes complètes.

---

85. Tiré de Enel, *Le mystère de la vie et de la mort*, p. 173.

Certains ensembles sont exécutés avec un sens artistique très sûr : troupes de soldats en marche, barques de pêcheurs, bateaux transportant un sarcophage vers la rive occidentale du Nil. Tous ces modèles représentent pour ainsi dire l'« ameublement », la garniture des tombeaux, et ils étaient censés venir à la réalité sur l'ordre du défunt, pour permettre à celui-ci de vaquer à ses occupations quotidiennes dans l'Autre Monde[86].

Si l'on examine les très nombreuses peintures murales distribuées dans les temples, on s'aperçoit que les sujets représentés contiennent le bestiaire complet de l'époque. Tout ce qui vole, tout ce qui bouge, quelle que soit l'espèce, sera utilisé et représenté : l'eau, la terre et l'air où vivent les poissons, les grenouilles, les crocodiles, les chats, les chiens, les lièvres, les lions, les taureaux, les canards, les chouettes, les cailles, les vautours, les ibis, les chacals, les faucons, mais aussi les scarabées, les scorpions et les serpents[87].

Les peintres vont même traiter leurs sujets avec de l'humour et une certaine innocence enfantine. Dans leurs œuvres, les animaux jouent : des singes pêchent, des souris se transforment pour mener à la baguette une troupe de chats ; un âne joue de la harpe, pendant qu'un hippopotame est perché sur un arbre. Du reste, « Le lion et le rat », un papyrus écrit autour de l'an −200, a inspiré Ésope et plus tard La Fontaine[88].

---

86. Nous savons aujourd'hui, par nos contacts avec l'au-delà (*Le pays d'après*, Éditions Quebecor, 2003), que la vie qui continue ne change guère dans son essence. Comme le disait un de mes oncles que j'ai contactés, « j'étais un bon vivant sur terre, et je suis toujours un bon vivant : mes amis, la mort, ça n'existe pas ! ». La seule différence est l'absence de corps physique et la communication directe par la pensée. On sait du reste que les choses et les êtres du monde physique ont leur « double éthérique » qui les précède en ce monde et leur sert de moule lors de l'incarnation de l'âme. Cela confirme la notion qu'avait Platon d'un monde spirituel où se trouvaient les modèles originaux des êtres terrestres. Du reste, Platon, qui avait passé plusieurs années en Égypte, avait sans doute tiré ces idées de la philosophie du Nil.

87. Enel, *Le mystère de la vie et de la mort*, p. 8.

88. *Id.*, p. 82.

Les reliefs sur pierre

En plus des peintures murales qui recouvrent des pièces entières et même le plafond des temples, les artisans de l'époque savaient créer des chefs-d'œuvre burinés dans le roc. Lorsque l'incision était légère, il en résultait un bas-relief, mais la force d'expression était grandement multipliée si le relief était plus appuyé, faisant ressortir le personnage de la pierre elle-même, comme si celle-ci avait été repoussée. Ce procédé est unique à l'époque.

Une des scènes les plus frappantes à ce sujet est la représentation de Ramsès II sur son char. On le voit triompher de toutes les embûches du monde invisible, surtout des puissances des ténèbres. Comme cette représentation se trouve sur une tombe, le roi indique par là le chemin lumineux qu'il poursuit vers le triomphe, celui de la vie éternelle sur la mort. C'est ainsi que le char d'or que l'on a trouvé dans la tombe de Toutankhamon n'est en aucun cas le char des batailles terrestres ; il évoque plutôt le voyage du soleil qui, en tant que manifestation de l'invisible, est toujours en mouvement puisqu'il ne meurt jamais. En effet, l'âme était destinée à traverser le monde spirituel comme le soleil le monde physique. C'est à cela que servait le char[89].

Les temples

Toute l'architecture des anciens Égyptiens évoquait l'ordre éternel des choses et la perfection du monde invisible. Les temples étaient des lieux où l'on rencontrait Amon, « le caché », auquel on présentait louanges et offrandes en début d'année, c'est-à-dire le

---

89. C'est une attitude semblable à celle de Ramsès qui a inspiré certains psaumes de David. Celui-ci s'en prend à des ennemis dont il souhaite la destruction, invoquant à son secours la puissance de Dieu. Mais il s'agit de la destruction de ses propres ennemis intérieurs, ce que nous appellerions aujourd'hui les blocages de l'âme. C'est également ainsi que le jihad est perçu par un musulman spirituel : il n'est jamais question de guerre physique, il s'agit de combattre ses ennemis invisibles, c'est-à-dire les émotions négatives – colère, haine, culpabilité, désir de vengeance, impiété, etc. –, tout ce qui empêche le travail et le projet de Dieu.

19 juillet, lorsque le Nil se remettait à inonder de son limon l'empire du nord et du sud.

Voici comment Ramsès III (–1186 à –1154) décrit le temple funéraire qu'il a créé à Médinet-Habou, à la gloire d'Amon-Rê. Il s'adresse à son dieu en ces termes : «J'ai fait pour toi un château auguste de millions d'années, construit en pierre de grès, en quartzite et en pierre de granit noire, avec une porte d'électrum et de cuivre repoussé. Ses pylônes de pierre de taille regardent le ciel, portant inscrit, sculpté au ciseau, le grand nom de Ta Majesté[90].»

Ce bel ensemble d'édifices, le mieux conservé des sanctuaires de ce type, est compris dans une enceinte de briques dont l'accès s'effectue par une imposante tour de garde. Ce dispositif architectural, dont le caractère militaire est fortement marqué, devait assurer une protection du lieu sacré. Si les décors extérieurs montrent en effet le pharaon exécutant des captifs, en revanche, c'est tout le contraire en ce qui regarde l'intérieur : on y est surpris par le changement radical, où les reliefs sont aimables et représentent le souverain en compagnie de ses filles humant les fleurs et dansant au son de la musique. Loin d'être une machine à guerre, cet édifice servait plutôt à la détente et au repos. La façade n'est donc que cela – une façade. Autrement dit, ici comme ailleurs, c'est ce qui est caché – l'invisible – qui compte, non ce qui apparaît, un principe fondamental de la sagesse pharaonique, inspiré justement par le nom d'Amon, qui signifie «le caché»[91].

Toutes les structures de ces temples évoquaient la grandeur d'Amon, le dieu caché, et comme pour les pyramides, la rencontre entre le ciel et la terre. Chaque temple était précédé de deux obélisques – des créations originales propres à l'Égypte – qui, par leurs pointes élevées dans le ciel, captaient les premiers rayons

---

90. *Papyrus Harris*, I, 3,11 à 4,2.
91. Tiré de «Égypte», *Méditerranée Magazine*, n° 19, déc.-jan.-fév. 2005, p. 65.

du soleil et annonçaient le moment pour le cortège de s'avancer. Le temple qui s'ouvrait par un portique fait de deux pylônes gigantesques – une trouvaille architecturale absolument magistrale – était gardé par d'immenses statues de protecteurs célestes ou du pharaon honoré. Les allées de colonnades étaient savamment agencées pour aménager la pénétration progressive de la lumière qui, à mesure que procédait le cortège, s'amenuisait au point de s'effacer complètement dans le sanctuaire sombre, où le pharaon présentait l'offrande à Amon-Rê. Ainsi, lorsque le pharaon et sa suite revenaient de cette procession, ils rentraient progressivement dans la lumière. Car la présence de la lumière solaire, qui poursuivait sa marche du lever au coucher et du couchant au levant, résumait à elle seule la dimension spirituelle qui donnait sens à la vie terrestre.

Or, toutes ces colonnes qui accompagnaient cette procession parlaient : elles racontaient la vie, celle de la terre, celle du ciel. Elles maintenaient le passant dans une évocation constante des valeurs, des réalités et des forces éternelles, exprimées à travers les êtres d'ici-bas – les plantes, les fleurs, les animaux –, puisque c'est là que vivait le divin. Ainsi, les chapiteaux représentaient ces fleurs ouvertes ou fermées, selon que les colonnes se trouvaient à la lumière ou à l'ombre dans l'allée menant au sanctuaire.

Ces chapiteaux étaient des illustrations du monde végétal, comme le montre si bien la chapelle d'Isis à Philae. Même les pierres rappellent à l'homme le lien qui le rattache à la terre, aux plantes et aux animaux. Les formes fondamentales des colonnes auront peu changé durant plus de 2500 ans. Divers motifs végétaux se combinent pour former de véritables bouquets de fleurs émergeant à la surface de la pierre. Comme ce sont le papyrus et le lys qui symbolisaient les deux royaumes – le papyrus au nord, le lys au sud –, on les trouve dans les colonnes et leurs chapiteaux. Ils apparaissent en forme de lotus étalés ou de bourgeons repliés et arrondis de façon caractéristique. Et au plafond soutenu par les colonnes[92], il y a des chapiteaux en forme de palmiers –

---

92. Ce qui s'appelle l'hypostyle. Pour se faire une idée de ces chapiteaux, voir Dietrich Wildung, *Égypte, de la préhistoire aux Romains*, Cologne, Taschen, 2004, p. 19-21.

des faisceaux de tiges qui se transforment en chapiteaux à plusieurs feuilles et fleurs superposées. Cette surabondance de formes ajoutée à la perfection du détail constituent un art unique au monde, dont la sophistication laisse loin derrière elle les trois ordres de colonnades grecques[93] apparaissant 2000 ans plus tard et tant prisés par nos esthètes.

L'architecture

Justement, comme il convient, puisque c'est la première structure d'importance, c'est tout d'abord à Saqqara qu'apparaissent les prémices de cette civilisation. On y a construit d'immenses tombes de 50 à 80 mètres de long, décorées de superbes fresques – les premières de toute l'histoire. C'est autour des années –3200 qu'Imhotep, le père à la fois de l'architecture et de la médecine, a bâti la pyramide à six degrés ainsi que l'immense ensemble de temples qui l'entourent. En plus d'être la première pyramide, cette œuvre architecturale est la plus ancienne que nous connaissions et qui continue d'exister après plus de 5000 ans. Mais c'est aussi la première construction en pierre, alors que jusque-là on bâtissait toujours avec de la brique crue[94].

Plusieurs scènes à l'intérieur de ces temples sont impossibles à discerner à l'œil nu : elles sont conçues de toute évidence pour n'être point violées par le regard profane du touriste. Elles n'avaient qu'un seul but : servir de support symbolique à la renaissance du défunt[95].

---

93. Doriques, ioniques, corinthiennes.
94. Ce premier gratte-ciel a servi de modèle aux pyramides qui ont suivi de –2700 à –2500 : celles de Meïdoum, la pyramide rouge de Dahchour, la rhomboïdale et, finalement, celles de Gizeh. Elle a également inspiré les ziggurat d'Ur en Chaldée, ainsi que les pyramides à escaliers des Mayas.
95. Héry et Enel, *Animaux du Nil*, p. 59.

Un voyage dans un temple

Dans un des temples du complexe de Saqqarah, le voyage de l'âme est représenté spatialement par un mouvement qui va tout d'abord vers l'ouest (le soleil couchant), pour revenir ensuite vers l'est (le levant). Ce parcours du soleil est celui qui est suivi par l'âme depuis son entrée dans l'au-delà par la mort, et de son voyage de retour vers la vie. Ainsi, le voyageur éternel pénètre par un couloir autour duquel sont peintes des fresques représentant des scènes de la vie quotidienne, pour lui rappeler que la vie éternelle est déjà commencée ici-bas, et qu'elle va se poursuivre dans l'au-delà au milieu des mêmes êtres, de la même lumière, de la même communion universelle.

Le voyage commence par un hall d'entrée rassemblant des fresques de la vie quotidienne – chasse, pêche, moissons, trésors comptés, etc. En face de cette entrée se trouve une porte communiquant avec un long passage. Sur le mur de gauche apparaît en peinture le cortège funèbre qui part de la maison du défunt et traverse le Nil d'est en ouest, rappelant le trajet du soleil qui va vers son coucher. Sur le mur ouest se trouve la « fausse porte » qui sépare ce monde de l'autre. Le défunt y disparaît seul, tout comme le soleil qui s'est vraiment couché. Puis, il y a le voyage inverse : vers le mur sud de la chambre, on peut voir le défunt réapparaître par la « fausse porte », comme si on se trouvait de l'autre côté. Tout le mouvement s'oriente maintenant vers l'est, évoquant le parcours du soleil. Enfin, le défunt est apparu, définitivement ranimé, en même temps que reparaissent des scènes de la vie quotidienne semblables à celles connues sur terre. Le cycle est enfin bouclé : l'âme est passée de la vie à la mort, puis de la mort à la vie[96].

Rappelons-nous cependant que cet aller-retour est le fait de l'âme seule et n'est en aucune façon destiné à un touriste ou à un journaliste éventuel. Visiter ces lieux aujourd'hui constitue en réalité la profanation d'un lieu sacré – ce dont on se moque bien sûr, puisque cela nous a permis une si belle découverte ! Pourtant, le vrai sens en est perdu. Ce lieu évoque un trajet qui n'entre

---

96. *Id.*, p. 186.

plus dans les consciences contemporaines, habituées à tout visiter et parcourir à leur guise. C'est pourtant le voyage essentiel de tout homme – passer par la mort pour revenir à la vie. Cependant, notre mentalité d'aujourd'hui n'aime pas l'évoquer, croyant peutêtre qu'en l'ignorant, cela va tout simplement l'annuler ou l'éviter!

La grande pyramide

Lorsque la construction du panthéon grec s'achève au Ve siècle avant notre ère, la grande pyramide de Khéops est deux fois millénaire.

Héry et Enel[97]

Depuis 40 siècles, la grande pyramide a été généralement considérée comme le tombeau d'un roi. Pourtant, la plupart des pharaons et des notables de l'époque étaient ensevelis non pas dans une pyramide, mais dans des temples ou des mausolées creusés à même le roc comme dans la Vallée des Rois. C'est là en effet qu'on a trouvé des tombes de plusieurs pharaons, dont les suivants : Ramsès I, II et VI, Méremptah, Séthi, Aménophis II, Horemheb, Toutankhamon. Les entrées de ces tombes étaient obstruées par des portes scellées, car aucune tombe n'était accessible au public : tout ce qui se passait dans le monde invisible (mort, renaissance) devait rester fermé au regard extérieur. Et si la plupart de ces tombes ont été violées, cela indique simplement à quel point la conscience du sacré – la valeur du monde invisible et éternel – s'est perdue avec le temps, au profit d'une vulgaire course aux trésors garantissant une célébrité immédiate[98].

---

97. *La bible de pierre*, p. 31.

98. Pour se faire une idée de ces tombes et de leur localisation dans la Vallée, voir *L'Égypte : sur les traces de la civilisation*, Regine Schulz et Matthias Seidel, Cologne, Könemman, 2004, p. 218.

Les fausses interprétations

Comme l'accès aux textes sacrés de l'Égypte était fermé aux Grecs en raison des hiéroglyphes intraduisibles, rien n'a pu endiguer l'incompréhension radicale qui s'est creusée entre les deux civilisations. Ainsi, les interprétations grecques ont passé par le tamis de leurs préjugés philosophiques et religieux. Par exemple, Hérodote, un historien qui mêle souvent fait et fantaisie, et qui avait visité ce pays dans les années –440, affirme que « le pharaon Khéops se livra à toutes sortes de cruautés. Il alla si loin dans sa cruauté que lorsqu'il eut besoin d'argent, il fit entrer sa fille dans une maison de prostitution ». Un autre Grec des années –100, Diodore de Sicile, reprend le même préjugé : « Les peuples, irrités des travaux insupportables auxquels ils avaient été condamnés, jurèrent de mettre en pièces les corps des pharaons. »

Au ve siècle de notre ère, Julius Honorius accorde aux pyramides un rôle biblique : il y voit les greniers de Joseph ! Quant au musulman Al Maçoudi, qui vécut au xe siècle, on y cachait une mine d'or. Et pendant les xviie et xviiie siècles, conformément à l'intérêt grandissant pour la mythologie, les pyramides seront perçues comme des tombeaux consacrés aux dieux Osiris, Isis et Horus. On croira même que les serviteurs des pharaons y étaient enterrés vivants ; d'autres prendront ces monuments pour des cadrans solaires ou des calendriers.

Comme les Grecs ne pouvaient percer le sens de la pyramide, ils l'appelèrent, en raison de sa forme, *pyramis,* ce qui signifie « petit pain ». Un autre terme grec, *sarcophage,* qui se traduit par « ce qui mange les chairs », est le nom qu'ils donnaient à ce que les Égyptiens voyaient au contraire comme des « porteurs de vie » – les tombeaux et leurs momies. Ce qui était associé à la vie chez les Égyptiens était synonyme de mort chez les Grecs, qui n'avaient pas un sens très développé du spirituel et de l'invisible.

En effet, ce sont les Grecs qui ont traduit un des mots les plus importants de cette sagesse – *neter* – qu'ils ont rendu par « dieu », alors que pour les Égyptiens c'était une fonction de la nature, comme la maternité et la générosité exprimées par une tête de vache, la transformation par le scarabée, la naissance par un soleil qui se lève, et l'eau comme origine de la vie par le crocodile qui y vivait. Ce sont autant de manifestations de la présence divine représentée par des créatures. Les *neters* représentent ce à travers quoi le divin se montre secrètement – les plantes, les astres, les semences, les saisons, la crue du Nil, la mort, la renaissance[99].

On perçoit ici les pôles antinomiques de ces deux traditions. D'un côté, celle de la Grèce, orientée à la fois vers la clarté intellectuelle, la discussion philosophique, la sensualité corporelle des formes et la vie tragique hantée par la fatalité (*moïra*) telle que la voyaient dans leurs pièces Sophocle, Euripide et Eschyle. De l'autre côté, l'Égypte qui la précède de 2000 ans, habitée par l'invisible et le destin éternel de l'homme. Ses œuvres ne cherchent pas à flatter le regard, car elles ne s'arrêtent pas aux apparences mais visent ce qui demeure.

Ainsi, les Grecs ont ramené à leur niveau le sens des mots et des formes qu'ils ne pouvaient comprendre. Car pour eux, les dieux étaient des créations artificielles, des projections de leurs propres travers et faiblesses. Même leur dieu suprême, Zeus, n'est guère à prendre au sérieux; il évoque plutôt une de ces marionnettes de foire pour amuser les enfants.

La construction des pyramides

Sous le seul angle architectural, la grande pyramide a réalisé la prouesse inouïe de défier les lois de la pesanteur et de résister aux outrages du temps. Pont jeté par-delà les siècles, elle reste immuable.

Héry et Enel[100]

Un grand nombre de gens ont essayé d'expliquer la construction des pyramides, mais personne n'a réussi. Graham Hancock décide donc de gravir la grande pyramide avec son épouse. On est en 1993,

---

99.   Nous reviendrons plus longuement sur «ces dieux qui n'en sont pas» au chapitre suivant.

100. *La bible de pierre*, p. 33.

et depuis 10 ans il est défendu d'y monter, après qu'un explorateur s'y était cassé le cou. Nos voyageurs doivent donc le faire à la fin de la nuit pour ne pas éveiller les soupçons de la police.

Ce qui frappe tout d'abord le couple, c'est la taille des pierres : chacune arrive à hauteur de poitrine, et à partir de la 35e rangée, de façon inexplicable, elles augmentent de taille à mesure qu'on progresse vers le sommet. Construire une telle masse de pierre avec tant de précision et avec des outils primitifs qui devaient les tailler et ensuite les placer – tout cela devenait pour les aventuriers de plus en plus incompréhensible. Lors de leur descente après la deuxième escalade, ils ont calculé que cet édifice contenait en lui-même plus de maçonnerie que toutes les cathédrales, les églises et les chapelles médiévales recouvrant l'Europe entière ; mais aussi que le mystère de tout cela demeurait intact.

On pouvait bien croire que tout s'était fait de la façon couramment acceptée, avec ses hordes d'esclaves œuvrant pendant des années et nourries au pain et à la bière. Tous les blocs de pierre devaient alors être tirés par des traîneaux et placés sur des rampes ceinturant la construction. C'est la version classique qu'on n'osait pas remettre en question[101].

Voyons ce que cela donnait. Comme les quatre côtés devaient faire face aux quatre directions nord, sud, est et ouest, et que chacun devait mesurer 226,5 mètres de long sur 141,3 mètres de haut, on devait calculer que pour y arriver, il faudrait que l'inclinaison

---

101. La thèse des esclaves a été de nouveau reprise dans *Les Égyptiens* (Paris, Le Chêne, 2004) où les auteurs F. Dunard et R. Lichtenberg s'en prennent encore à la tyrannie des pharaons et à l'élitisme écœurant de leur régime. Comme cela m'étonnait beaucoup, j'ai demandé à Imhotep ce qu'il en pensait. Sa réponse (à travers la médium) fut simple et claire : « Ces deux personnes étaient justement des esclaves (appartenant à des peuples conquis) à l'époque des pyramides et elles ont décidé de se venger ! » Par contre, l'Américain que je crois être le plus cultivé et le plus renseigné en matière d'art et de civilisation, le professeur Daniel J. Boorstin, écrit dans son chef-d'œuvre, *The Creators : A History of Heroes of the Imagination* (New York, Vintage, 1992, p. 88) : « Dans le royaume des pharaons, il n'y avait d'esclaves que les prisonniers de guerre. » Du reste, en regardant l'abondance des images joyeuses représentant les paysans de l'époque, aucun de ces travailleurs n'a des allures d'esclaves...

des côtés soit à peu près de 52 degrés. On posait donc la première rangée de pierres pesant chacune de 6 à 30 tonnes. La deuxième rangée, un peu plus réduite, se mettrait facilement en place : la rampe de pierre et de terre recouverte d'une planche de bois permettrait de faire glisser les pierres sans trop de difficulté. Mais à mesure que la rampe monte, il faudra augmenter son inclinaison ou bien prolonger la rampe considérablement vers l'arrière. On calcule alors qu'au moment d'atteindre le sommet, la rampe devra être de 1,6 km de long et contenir trois fois plus de matériaux que la pyramide elle-même ! De plus, pour éviter que cette rampe s'effondre sous son propre poids, il faudra la construire de blocs massifs – comme ceux de la pyramide.

L'autre choix qui se présente consisterait à tout faire avec une grue, mais une grue en bois, car là encore, le même problème reparaît : pour soulever des blocs de plusieurs tonnes à une hauteur de 150 mètres, il faudrait une grue faite du bois le plus long et le plus solide – par exemple, celui des séquoias d'Amérique, qui, bien sûr, n'ont jamais existé en Égypte ni même en Europe. Par conséquent, dans les deux cas, on se trouve dans une impasse...

Pour mettre à l'essai une fois pour toutes les hypothèses en cours, les Japonais, dans les années 1980, ont tenté de bâtir une réplique (réduite) de la grande pyramide pour une exhibition. Même avec l'équipement le plus moderne, ils se sont aperçus que le problème les dépassait complètement[102]...

Un traité de géométrie

Tout en admettant le mystère qui entoure la construction de la grande pyramide, nous pouvons reconnaître la science qu'elle contient. Par exemple, en divisant la longueur du côté par la moitié de la hauteur, on obtient le nombre *pi*, c'est-à-dire 3,1416. C'est en fait le rapport entre la circonférence d'un cercle et son rayon. Ce qui est d'autant plus étonnant, c'est que les Grecs, tel Pythagore qui viendra 2000 ans plus tard, n'ont pu définir ce nombre qu'ap-

---

102. Wilson, *op. cit.*, p. 12.

proximativement, avec 3,14. C'est seulement au XVIIe siècle qu'on a réussi à établir ce nombre aussi exactement que le contructeur de la pyramide !

La position géographique du bâtiment est également remarquable, puisque les degrés de longitude et de latitude qui passent par cet emplacement sont les plus espacés du globe terrestre, c'est-à-dire que c'est ici même le centre du globe terrestre[103] !

Une pyramide astronomique

La grande pyramide de Gizeh témoigne aussi de notions astronomiques qu'elle résume et conserve. Par exemple, en plus d'être orientée exactement selon les quatre points cardinaux, le couloir descendant par lequel on y pénètre a une inclinaison de 26° 18', correspondant au point le plus bas de l'orbite de l'étoile Polaire. Ce fait à lui seul montre la grande précision des observations pratiquées, étant donné que même avec nos télescopes perfectionnés c'est chose assez difficile que d'observer les mouvements de l'étoile Polaire qui semble occuper un point fixe du ciel... En plus de cela, nous rencontrons dans le passage qui mène à la « chambre du roi » une dalle de granit formant un linteau et portant gravé un signe hiéroglyphique représentant le trajet du soleil au-dessus de l'horizon[104]. Ce qui indique qu'on reconnaissait l'existence d'un rapport entre la pyramide et les astres, particulièrement le soleil.

Si l'on s'arrête à la grande pyramide, on s'aperçoit qu'elle est également alignée sur deux constellations, celle d'Orion et celle de Sirius[105]. En fait, au lieu d'être un tombeau, la pyramide est un bâtiment rituel qui aurait pour but d'envoyer l'âme du pharaon

---

103. Otto Neubert, *La vallée des rois*, Paris, Robert Laffont, 1979.

104. Enel, *Le message du Sphinx*, p. 146.

105. Il peut être intéressant de rappeler que le mot « canicule » est relié à l'étoile Sirius. Le mot vient de *canis* (chien) et renvoie à la constellation du Chien à laquelle appartient Sirius. « La canicule est en effet l'époque où cette étoile se lève et se couche avec le soleil, et qui, dans l'Antiquité, coïncidait avec le début de l'été à la latitude du Caire. » *Dictionnaire encyclopédique Larousse*, article « canicule ».

vers Orion. Le fait qu'il y ait un sarcophage de granit rouge complètement vide dans la supposée «chambre du roi» – qui, en réalité, n'en est pas une –, ne serait pas le résultat d'un pillage. Ce serait plutôt intentionnel : le tombeau vide signifierait que l'âme s'était envolée vers son étoile. Mais n'oublions pas que cela demeurait secret, car personne n'avait accès à ces chambres qu'on a appelées sans raison «du roi» ou «de la reine».

Ces lieux n'existaient qu'en fonction de l'invisible et du monde au-delà de la mort – celui de l'âme, de la lumière éternelle. De toute façon, on n'a jamais trouvé de corps appartenant ni au roi ni à la reine.

En fait, la «vanne d'air» qu'on a trouvée à partir des deux chambres en question n'en était pas une ; il s'agissait simplement d'une ouverture permettant l'envol de l'âme vers son étoile. Selon Baumal, ce puits d'aérage de la grande pyramide pointait directement à la constellation d'Orion. C'était un canal n'ayant rien à voir avec une prise d'air, surtout dans un lieu qui n'est même pas fait pour être visité, si l'on considère l'exiguïté des corridors. En fait, les pyramides de Gizeh reflétaient les trois étoiles de la ceinture d'Orion vers −2550[106].

Déjà en 1893, Norman Lockyer reconnaissait que les temples égyptiens (Louksor, Karnak) étaient alignés de façon que la lumière d'une étoile puisse pénétrer jusqu'à leur centre. Ainsi, le soleil pendant le solstice de l'été devait pénétrer le temple d'Amon-Rê à Karnak et suivre son axe jusqu'à son sanctuaire. Ce savant était d'ailleurs le premier à suggérer que Stonehenge (datant de −3500) avait été construit comme un laboratoire astronomique[107].

---

106. Wilson, p. 69. Il y a du reste une découverte qui confirme les recherches de Hancock et Bauval : «Larry Hunter, archéologue, a travaillé en Égypte plus de 20 ans avec le système GPS (*Global Positioning System*). Dans chaque endroit du plateau de Gizeh correspondant à une étoile principale de la constellation d'Orion, il a trouvé un temple, et s'est même rendu sur l'emplacement supposé de chacun de ces temples pour bien s'assurer de leur réalité.» D. Melchizedek, *L'ancien secret de la fleur de vie*, Outremont, Éditions Ariane, tome 2, 2001, p. 302.

107. Lockyer est fondateur de la revue *Nature*. Wilson, *op. cit.*, p. 65.

La position des constellations au-dessus du pays était donc importante. Pour le comprendre, évoquons de nouveau la « précession des équinoxes ». L'ébranlement de l'axe terrestre, qui peut être dû à des amoncellements de glace polaire ou à la proximité de certains astres, fait en sorte que l'axe de la terre bouge comme l'aiguille d'une horloge qui pointerait vers une constellation différente tous les 2,160 ans. Elle ferait ainsi le tour du ciel en 25,920 années. Le calendrier égyptien donnait donc une importance particulière au lever de Sirius, seule étoile qui revenait tous les 364,25 jours. Ce qui implique une connaissance astronomique exceptionnelle, en même temps qu'une période d'observation extrêmement longue, datant probablement de l'époque des Atlantes, c'est-à-dire vers −10 500.

À cause de l'ébranlement terrestre, les étoiles se lèvent 20 minutes plus tard chaque année, une durée qui, au cours des siècles, s'accroît au point de boucler la boucle après 260 siècles. Selon le chercheur Lockyer, cet alignement qui change sans cesse est la raison pour laquelle le temple de Louksor a dû être réaligné quatre fois, ce qui expliquerait sa forme étrangement irrégulière.

Comme ces calculs astronomiques étaient connus des Égyptiens, cela supposait que les Atlantes les avaient déjà faits depuis très longtemps, pour ensuite les transmettre à d'autres – aux Égyptiens et sûrement aux Assyriens, mais également à des civilisations aussi obscures que les Dogons en Afrique. En effet, selon Robert Temple, ce peuple savait que Sirius, une étoile de la constellation du Chien (d'une importance particulière aux yeux des Égyptiens), est en réalité une étoile double : elle serait accompagnée d'un compagnon invisible, que Sir Arthur Eddington découvrira seulement en 1928, lui donnant le nom de Sirius B.[108] Ces Dogons savaient que les planètes tournaient autour du soleil, que la lune était morte, que Saturne était entouré d'anneaux et que Jupiter était accompagné de lunes. Or, selon Temple, ils auraient reçu ces connaissances des Égyptiens, pour qui Sirius, identifiée à Isis, était considérée comme l'étoile sacrée après l'an −3200. En effet, on sait que pour l'Égypte, les étoiles n'étaient pas que de simples astres à mesurer

---

108. Wilson, p. 66, citant *The Sirius Mystery* de Temple.

le temps; elles étaient la demeure des dieux et avaient donc une âme[109].

La magie du son

En 1893, un archéologue du nom de Petrie avait fait des fouilles dans un village au sud du Caire, où avaient vécu des peuples à l'époque néolithique, c'est-à-dire vers −5000. Il avait découvert des poteries et des vases montrant que les potiers d'alors possédaient un talent particulier. Alors que l'absence de stries sur leur surface n'indiquait l'usage d'aucun tour, les vases étaient pourtant si arrondis qu'il était difficile de les croire faits à la main. Même mystère devant le sarcophage de granit rouge de la grande pyramide, qui présentait des problèmes insurmontables. En mesurant le contour extérieur, cela faisait 2332,8 litres, c'est-à-dire exactement le double du volume interne, ce qui indiquait une incroyable précision. Mais avec quels outils avait-on creusé? Petrie croyait que ce bloc avait dû être taillé avec des scies de deux mètres, en bronze et insérées de diamants! Mais personne n'a jamais trouvé semblable objet et aucun texte n'en parle. En ce qui concerne l'intérieur du bloc, Petrie croyait qu'on aurait pu utiliser une foreuse circulaire ou tubulaire. Mais le problème était de savoir comment ils auraient pu les faire tourner à une vitesse suffisante. Or, les pierres en question étaient parmi les plus dures; il s'agissait de basalte, de granit et de diorite.

Graham Hancock avait vu des plats et des vases faits de ces matières. Les objets les plus inexplicables étaient des vases très longs aux cous élégants et minces où l'on pouvait à peine passer le doigt. Or, il en avait trouvé plus de 30 000 sous la pyramide à degrés de Saqqara! Un fabricant d'outils, Christopher Dunn, ayant pris conscience du dilemme dans lequel se trouvaient Hancock et Petrie, proposa sa solution: «Même si on croit que les Égyptiens n'avaient pas inventé la roue, les marques laissées sur ces pièces de granit telles que le sarcophage suggèrent une technique beaucoup plus sophistiquée et utilisant des instruments circulaires.

---

109. Wilson, *id.*, p. 67.

En examinant les blocs creusés à l'intérieur que j'ai trouvés dans un temple de la Vallée des Rois, j'ai remarqué que les marques laissées dans la partie concave montrent que la scie employée creusait très rapidement de sorte qu'elle ne pouvait être dirigée manuellement. Cela devait donc se faire par des vibrations, soit avec des machines à ultrasons ou un marteau-piqueur qui monte et descend à grande vitesse. Selon moi, les Égyptiens utilisaient une force aussi grande que notre électricité moderne et cette force était fondée sur le son, un son de très haute fréquence[110]. »

Eh bien, comme la science n'est pas arrivée à nous révéler le secret des constructeurs égyptiens, il a fallu demander à des savants d'une autre espèce mais qui disposent de connaissances plus avancées et plus subtiles – les sages, les ésotéristes, les clairvoyants. Ces connaissances, sans suivre la méthodologie scientifique, peuvent s'avérer fort éclairantes. Prenons, par exemple, les renseignements que Rudolf Steiner a obtenus par clairvoyance. Voici un savant qui est à la fois un sage et un médium. Dans *Mémoires akashiques*[111], il écrit ceci :

Les Atlantes étaient capables d'exploiter la « force de vie » – ce noyau présent à l'intérieur de toute entité vivante – pour créer de l'énergie. Les plantes étaient cultivées non seulement pour leur valeur alimentaire, mais aussi en raison des forces latentes en elles et que les Atlantes convertissaient en fluide énergétique. Leurs corps et leurs esprits une fois bien équilibrés, ils réussissaient à utiliser la lévitation par le son pour soulever les blocs massifs avec lesquels ils construisaient les édifices et les monuments. Un groupe de personnes, en se concentrant intensément, parvenait à orienter l'énergie produite par des ondes sonores, de manière à faire monter et redescendre des blocs de pierre extrêmements lourds, et ce, sans aucun outil mécanique. Tandis qu'ils se concentraient sur le bloc de pierre, l'intensité de leur force mentale se conjuguait avec l'énergie produite par les pulsations sonores pour soulever puis abaisser le lourd objet.

---

110. Wilson, *ibid.*
111. L'*akasha*, un terme sanskrit pour désigner la matière subtile sur laquelle s'impriment toutes actions et pensées humaines – une sorte d'Internet spirituel.

Il s'agissait de frapper un gong en contrôlant avec précision sa tonalité de manière qu'il résonne dans la matière à déplacer, puis, en laissant le son se prolonger, tandis que chacun se concentrait. On conjuguait donc la force mentale et l'énergie du son. Ces conditions permettaient de vaincre la gravité. Les tablettes sumériennes précisent que le son peut soulever la pierre. Et à Shivapur, en Inde, des visiteurs sont invités à soulever un bloc de granit de 55 kilos : onze personnes doivent former un cercle autour du bloc de pierre et chanter à l'unisson. C'est une pratique également connue des Tibétains. Enfin, les traditions des Amériques centrale et du Sud évoquent le soulèvement dans les airs d'énormes blocs de pierre taillée[112].

Tout cela peut nous paraître complètement incroyable et incompréhensible. Cependant, de nos jours, plusieurs psychiques arrivent à faire lever des objets et à les transporter dans un autre lieu, simplement par la concentration de la pensée. Et la lévitation du corps est une pratique très connue chez les yogis de l'Inde. Si le pouvoir mental peut être à ce point augmenté, que ne pourrait-il faire s'il s'unissait à l'énergie du son, qui, selon les anciennes sagesses, est la vibration fondamentale de toute forme matérielle ?

Justement, cela évoque un événement dont fut témoin un savant britannique, Don Robins. «Il a appliqué des détecteurs ultrasoniques à un ensemble de pierres datant de l'époque de Stonehenge et appelé King Stone, situé dans l'Oxfordshire, en Angleterre. Il a détecté une étrange pulsation venant de la pierre, et plus étrange encore, cette pulsation semblait s'intensifier au milieu du solstice d'hiver, durant le jour le plus court de l'année. Et lorsque la pulsation a pu être convertie en son audible, il découvrit que les pierres semblaient chanter[113] ! »

---

112. *Mémoires akashiques*, p. 45, cité par Shirley Andrew, *L'Atlantide*, Varennes, A de A inc., 1998, p. 157.

113. Danny Sullivan, *Ley Lines: A Comprehensive Guide to Alignments*, London, Piatkus, 1995, p. 69.

La forme pyramidale

Les Égyptiens de l'époque pharaonique qui verraient les pyramides dans leur état actuel les regarderaient sans doute comme des ruines, tellement ce qui les rendait parfaites et resplendissantes a disparu. C'étaient en effet d'immenses structures dont les parois de calcaire poli reflétaient la lumière du jour, le bleu du ciel ainsi que les myriades d'étoiles la nuit. Ce spectacle devait créer chez celui qui les contemplait un état d'émerveillement à couper le souffle, à suspendre la pensée.

Les pyramides étaient construites dans un lieu où les ondes magnétiques de la terre étaient très fortes, c'est-à-dire dans une zone appelée géopathique. Plusieurs autres lieux semblables sont parsemés partout dans le monde – Stonehenge, la tour de Glastonbury (Angleterre), le mont Saint-Michel, les pyramides mayas, la cathédrale de Chartres. La concentration d'énergie créée par les façades convergeant sur un seul point vertical, s'élève en spirales et se mêle aux énergies des autres formes pyramidales environnantes, de sorte que l'emplacement est chargé de vibrations positives à la fois assainissantes, guérisseuses et élevantes.

En effet, il y a «une énergie particulière qui agit à l'intérieur d'une forme pyamidale. Il s'agit de l'énergie produite par la configuration elle-même – les ondes émanant des angles et des pointes qui captent l'énergie de la terre et la canalisent en énergie puissante et pure. Et avec les pyramides de Gizeh situées en un lieu chargé d'une force maximale, la clarté, la puissance et la haute fréquence des vibrations devaient ensemble créer un concert incroyable[114]».

Même si le pouvoir de la forme pyramidale a fait l'objet de nombreuses expériences, personne n'a réussi à comprendre vraiment comment il fonctionne et quelle est la véritable nature de cette énergie. «On s'est aperçu tout d'abord que les animaux morts dans la grande pyramide ne dégageaient aucune odeur de putréfaction, mais qu'ils s'étaient simplement momifiés. À la suite de ces découvertes, on s'est demandé si ce ne serait pas la forme elle-même qui engendrerait cette purification et cette conservation.

---

114. Andrews, *id.*, p. 213.

Enfin, en fabriquant des modèles très réduits de la pyramide, on s'aperçut qu'ils pouvaient non seulement conserver les aliments, mais aiguiser des lames de rasoir, améliorer le goût de l'eau du robinet, stimuler la croissance des plantes et la germination des graines, recharger les piles et favoriser le processus de guérison[115].»

Il y a toutefois une condition pour que ces effets se produisent: que la pyramide soit placée de façon à s'aligner parfaitement sur les quatre points cardinaux – comme si tout cela était le produit tant de l'axe de la terre et de ses propres énergies inflexibles que des énergies émises par la forme pyramidale parfaite[116].

Il y a un autre aspect à la forme pyramidale qui est aussi éclairant que fascinant. Il s'agit de la figure triangulaire de la pyramide. Elle se retrouve dans l'étoile de David, une figure à six branches qui orne le drapeau d'Israël. Cette étoile est en effet un des plus beaux symboles de la croissance spirituelle. Venue de la cabbale juive, que nous savons être un héritage reçu par Moïse de l'Égypte, cette étoile est composée de deux triangles – l'un pointant vers le haut, l'autre vers le bas, autrement dit vers le ciel et vers la terre. Le premier évoque bien sûr la montée de l'âme, l'évolution spirituelle; le second, la négativité, le refus de croître, l'épreuve, le matérialisme. Or, dans l'étoile de David, ces forces sont imbriquées l'une dans l'autre, suggérant l'attraction de deux pôles à la fois opposés et complémentaires. L'image du couple Osiris-Seth nous vient à l'esprit: le mouvement vers la vie et la renaissance (Osiris) est opposé par celui de la matière et de la dissolution (Seth), mais également renforcé par lui. En effet, cette étoile suggère que la croissance de l'âme ne se fait qu'à travers une expérience des attractions matérielles, qu'il s'agit de traverser, d'assumer et de transcender. Autrement dit, l'âme ne peut qu'être enrichie par son

---

115. *Ibid.*

116. Pour en savoir davantage, voir les études faites sur les ondes de formes et leur rapport avec la pyramide: Jean de la Foy, *Maisons de vie, maisons de mort*; Mitchell, *A View Over Atlantis*, ainsi que les nombreux ouvrages sur le feng shui chinois. Il semble clair que les formes émettent des ondes par leur figuration même, leur angularité, leur position dans l'espace ainsi que par leur proximité de l'eau.

incarnation, et sa remontée vers la lumière est conditionnée par la qualité de sa descente sur terre.

Ce que représente pour moi la pyramide

> *Puisses-tu grimper, puisses-tu monter*
> *sur un rayon de lumière.*
> Textes des Pyramides, 2374

La pyramide est une structure hermétique. Le fait que les pyramides sont des constructions fermées sur elles-mêmes et scellées par une absence totale d'interstices, de failles entre les pierres de la paroi, et d'ouvertures telles que fenêtres ou portes –, tout cela me dit que les pyramides n'étaient pas des bâtiments ordinaires, car si on avait voulu qu'elles soient accessibles à des visiteurs comme le sont un musée ou une cathédrale, il y aurait eu une entrée évidente et sans doute très imposante, comme on le voit pour ces pylônes de temples qui servent à la fois de portique et d'enceinte (Louksor, Saqqara, Denderah). Il n'y aurait pas eu cette étanchéité et cet hermétisme absolus. Le hall d'entrée ne serait certainement pas un misérable couloir d'un mètre, sans aération et d'une étouffante chaleur. On peut donc établir que les pyramides n'étaient pas des bâtiments faits pour être explorés ou habités. Ils avaient du reste la forme d'un secret, d'un mutisme complet, d'une réalité impénétrable. Ils n'étaient pas faits pour ce monde-ci.

La pyramide est un concentré de connaissances. Pour la plupart des esprits à la recherche d'explications, les pyramides se présentent comme des sommes de connaissances architecturales, géométriques et astronomiques. Mais ces connaissances mentionnées précédemment sont intégrées à la structure dont elles scellent le caractère sacré. Tout cela contribue à en faire une parfaite réplique de l'Univers, cet ensemble de sagesse, d'énergie et d'harmonie exprimé dans des lois physiques immuables. Cependant, dans le cas des pyramides plus que partout ailleurs, ces lois et ces connaissances sont inséparables de la matière qui s'y trouve organisée.

La pyramide est une expression de beauté. Les constructeurs avaient placé une calotte argentée au sommet – le *pyramidion* – et recouvert les parois avec du calcaire poli qui brillait comme un miroir. Ces pierres taillées, dont la précision atteignait une fraction de millimètre, s'emboîtaient de façon invisible, créant une surface parfaitement lisse, une surface qui reflétait la lumière du jour, le soleil, la lune ainsi que les étoiles de la nuit. Imaginez ces bâtiments « allumés » par la lueur des étoiles : ce spectacle devait à lui seul remplir les yeux de joie et l'âme de paix[117] ! Car il ne faut pas oublier que pour les Égyptiens de l'époque, la beauté était l'une des expressions les plus évidentes de la présence divine.

Le dernier témoin occidental qui aurait contemplé la pyramide resplendissante dans son revêtement de calcaire poli est Abdul Latif, historien et médecin en visite au Caire en 1220. Cela nous indique que la pyramide avait donc brillé près de 4000 ans dans sa splendeur originelle. Mais lorsque, deux ans après, le Caire fut détruit par un séisme, le calcaire s'est détaché, sauf au sommet, et les pierres tombées ont servi à la construction de la Grande Mosquée !

Certes, la pyramide parle aux sens et à l'intellect. Mais c'est surtout à l'âme qu'elle s'adresse et de façon directe : par l'émerveillement, l'élévation, la luminosité et la force. Le fait que le spectacle du ciel, de jour et de nuit, y était réfléchi, rappelait constamment aux fidèles que leur demeure céleste commençait sur terre et que déjà les énergies de la terre communiaient en parfaite harmonie avec celles du ciel. C'était une échelle, un peu comme celle de Jacob, par où le ciel venait rejoindre la terre et celle-ci remontait à sa rencontre.

Car il ne faut pas oublier qu'en plus de ce miroir constant d'une beauté qu'on ne peut maintenant qu'imaginer, la surface de la pyramide était recouverte de hiéroglyphes où tout l'enseignement spirituel était écrit. Il faut également se rappeler que l'Égypte est un

---

117. Hérodote (–440) rapportait que « la grande pyramide était une structure blanche si brillante qu'elle aveuglait les yeux ; les blocs de calcaire étaient taillés avec une telle précision que les joints en étaient invisibles ». Wilson, *op. cit.*, p. 38.

pays où la brume, la pluie et les nuages sont rares. C'est pourquoi le spectacle des étoiles scintillant dans le miroir de la pyramide devait saisir l'âme autant que l'œil.

La pyramide s'adresse à Amon-Rê. Un hommage, un hymne, un acte d'adoration. Amon, on s'en souvient, c'est le divin caché dans toutes choses, cette présence qui ne se laisse jamais voir, sauf dans les allusions de la nature. En cela, la pyramide le représente bien puisque tout son visage est caché. Sa vie est intérieure. Et Rê – l'énergie divine qui se cache derrière le soleil – renaissait chaque matin dans ce miroir, pour disparaître ensuite derrière les étoiles. Ainsi, les humains étaient énergisés par le soleil et apaisés par les étoiles.

La pyramide est une pile qui régénère. Les énergies particulières rassemblées en un lieu précis par un élan de pierres dirigées vers le ciel se transformaient en turbines, en générateurs électriques, dont la force de purification, de guérison et d'élévation devait atteindre tous ceux qui circulaient dans ces régions. L'énergie qu'ils en recevaient leur rappelait sans doute combien puissants et touchants deviennent les rapports entre ciel et terre et humains lorsque l'âme est ouverte et à l'écoute devant les manifestations de la nature. Car ce sont des vibrations qu'ils ressentaient et qui les enveloppaient, des vibrations d'une fréquence qui passaient par la matière mais venaient de l'esprit. Finalement, la pyramide était un transformateur qui atteignait l'âme aussi bien que le corps et qui aidait l'homme à retrouver la présence cachée en lui – son âme de nuit.

L'âme de nuit / L'âme de jour

Pour les anciens Égyptiens, la vraie connaissance ne venait pas de l'intellect, comme c'est le cas pour l'homme d'aujourd'hui. Car l'intellect analyse, sépare et catégorise ce qu'il touche, alors que les Anciens comprenaient par intuition, par sympathie, par syntonisation avec les choses, comme le piano répondant à un diapason. Les deux *s'entendent*: ils se reçoivent, leur cœur bat à l'unisson.

La connaissance pour eux était plus proche du cœur – de la capacité d'aimer ou de compatir – que de la tête. C'était une compréhension qui créait une fusion entre le connaisseur et la chose connue, à l'encontre de notre façon tordue de nous séparer des choses pour les connaître.

En fait, connaître, c'était devenir la chose, c'était en quelque sorte l'habiter. Les idées n'étaient pas dominantes et claires, elles restaient enfouies dans la nature, dans les êtres et dans les expériences – un peu comme chez l'enfant. Le côté mystérieux, silencieux, nocturne l'emportait sur la clarté crue et définie du jour. Il restait de l'inconnu – toujours plus d'inconnu que de connu. Et on respectait cela : on savait que la connaissance du cerveau était embuée et biaisée par comparaison avec celle du cœur, pour qui l'essentiel de la vie restait impénétrable.

C'est comme si l'âme était une sorte de demeure munie de deux portes – une devant et une derrière – et dont chacune se fermerait lorsque l'autre s'ouvrirait, et inversement. Il y aurait ainsi une dimension nocturne, ouverte sur l'éternité, secrète et méconnue, mais qui est en réalité lumière, joie, intelligence et compassion ; et une autre ouverte sur le jour, le monde, le personnage, les apprentissages. Une dimension de conscience pure, et une autre d'inconscience et d'illusion (celle ouverte sur le monde).

C'est-à-dire que l'âme de nuit était pour eux plus importante que celle de jour. Je m'explique : l'âme en nous agit surtout pendant le sommeil : c'est là qu'elle se retrouve dans son élément, la lumière, la communion universelle, la rencontre avec l'ensemble des êtres de lumière. Mais dès que le corps se réveille le matin, cette conscience-là se retire comme une marée basse et ce qui émerge, c'est la conscience tournée vers le monde extérieur, la matière et les choses visibles. C'est la dimension de l'âme qui utilise le cerveau pour opérer sur le   s très axés sur les idées, l'organisation et   imen- sion comme la vraie intelligence, ce   l'ana- lyse. Celle qui importe enfin !

En pratique, l'Occidental instru   icons- ciente. Elle est d'ailleurs appelée l'i   ologie considère comme inférieure à l'éta   l'âme nocturne qui est le siège de la sa   ent les choses et qui les devine, jusqu'à le   i com- prend les êtres et ressent le lien qu   ations invisibles qui ne passent pas par   es. En somme, c'est elle qui *sait*, alors qu   vainc.

La conscience de nuit a éclai   un ciel étoilé. Mais la conscience de jour a   à partir de la fameuse «clarté grecque», pour finalement l'éclipser définitivement à l'époque de la Renaissance, où le rationalisme a commencé à éteindre les consciences!

Pour l'antique tradition, l'invisible prenait plus de place que le visible et contenait le secret des choses. C'était l'âme de nuit qui veillait. Comme le disait *Le cantique des cantiques*: «Je dors, mais mon cœur veille.»

C'est toujours l'âme de nuit – le monde invisible – qui constitue l'essentiel, qui fait battre le cœur de l'être. Qui donne sens à tout ce qui est visible.

Il s'agit de faire confiance à son versant nocturne, d'apprendre à l'écouter, d'en faire son guide. D'être son instrument.

Chapitre 5

La présence de l'invisible

Un Dieu unique

Pour les Égyptiens d'autrefois, l'invisible est présent dans les choses visibles, tout comme la vie l'est dans la mort et l'éternité dans le temps. Selon eux, il est évident qu'il n'y a qu'une seule Source de vie à laquelle ils donnent le nom d'*Amon*, «le caché», et plus tard d'*Atoum*. Ce sont les Grecs qui ont répandu l'idée qu'on y adorait une multitude de dieux : cela justifiait leur propre panthéon de dieux imaginaires et farfelus.

Mais ils faisaient erreur. Cette fausse croyance est basée sur des apparences sur lesquelles je reviendrai plus loin. Et comme c'est hélas! la culture grecque qui a influencé l'Occident plutôt que l'égyptienne, on a accepté ce préjugé sans l'examiner, de sorte qu'aujourd'hui la plupart des égyptologues et des spécialistes de la religion croient mordicus que l'Égypte pratiquait naguère un culte polythéiste, qu'elle adorait même des animaux[118], et qu'à cause de cela, elle n'avait rien à nous apprendre!

Pourtant, l'évidence dit le contraire. Il suffit de citer les textes les plus anciens, à commencer par le *Livre des morts*. Le divin est

---

118. Ce qui s'appelle la zoolâtrie.

présenté comme un seul être, comme l'unique Source de vie : « Il est dans le cœur de l'homme » ; « je connais cet être divin dont l'œil rayonne dans le ciel et pourtant il demeure invisible ». De même, le vizir de Hatshepsout parlera de « Dieu qui est dans les hommes ». Puis, plus explicitement, il est dit : « Tu es le Dieu unique et sans second[119] : tu fais vivre les hommes... tu donnes le souffle à ceux que tu aimes. »

Enfin, deux textes des *Papyrus égyptiens*, un premier, qui parle de Dieu, « l'unique qui fit le ciel et la terre selon sa volonté, qui a créé tout ce qui existe... L'Éternel, le Protecteur de celui qui le place dans son cœur[120] » ; et un second où c'est Dieu qui parle : « Seul je suis le père et la mère de tous les êtres, la Source unique de toute forme d'existence. Je suis celui des millions d'années, l'Unique existant à jamais dont la vie est l'Éternité. Mon image est dans chaque manifestation de vie. Je connais la nature de l'homme, c'est pourquoi je me suis caché[121]. Je ne supporte pas d'être emprisonné dans une forme visible[122]. »

Cette dernière phrase indique clairement que ce qui se manifeste sous une forme visible quelle qu'elle soit ne peut être l'invisible unique et absolu – ça ne peut être que sa représentation.

Pour ce peuple, Dieu est en effet unique, mais il est aussi manifesté par une myriade d'êtres : à la fois caché et présent. Et c'est à travers les choses les plus évidentes et quotidiennes qu'il est perçu, en particulier dans ce qui parle de mort et de renaissance. Car les Égyptiens n'ont pas de révélation écrite[123] : ils ont reconnu la présence du divin dans le sens des événements, à travers les

---

119. « L'un sans second » est une expression consacrée que l'on retrouve telle quelle dans le Vedanta de l'Inde, c'est-à-dire à peu près à la même époque.

120. Enel, *La bible de pierre*, p. 82.

121. Pas si bête ! Car s'il était visible, son apparence aurait sans doute une dimension surgalactique – si imposante que l'homme n'aurait pas eu de choix : il se serait senti à la fois écrasé et forcé de se soumettre. Et en se comportant ainsi, il aurait cessé d'être un homme.

122. Enel, *Le message du Sphinx*, p. 23.

123. De même qu'ils ne croyaient pas à une faute originelle ou à un paradis perdu – ce qui veut dire que ces idées n'étaient pas là « au commencement » comme a voulu nous le faire croire la Bible...

créatures et les transformations de la création. La révélation pour eux, c'est la nature qui se renouvelle sans cesse et qui, cependant, ne livre jamais son secret.

Dieu n'est donc pas une abstraction, mais ce qu'il y a de plus évident, de plus simple, de plus immédiat, c'est à travers les choses les plus ordinaires qu'ils le perçoivent. Car ils ont la foi – la capacité de comprendre que «l'essentiel est invisible pour les yeux». Ils ne vivent pas aveuglés comme nous le sommes par un intellect surdéveloppé. Ils sont plus simples, plus vrais et plus près de la nature, où ils reconnaissent sans effort un grand mystère.

Tout d'abord, dans le soleil : ils se sont rendu compte, à force de l'observer, que s'il disparaissait chaque soir, il ne mourait pas mais renaissait au matin. Ils ont ensuite observé que la semence qu'on enterre au printemps ne meurt que pour renaître sous une autre forme. Finalement, comme chaque été, la crue des eaux du Nil annonçait la fertilité, la vie et le bonheur. Ce fleuve exprimait le retour à la vie après un temps de mort et de désolation. Partout, le même constat inévitable : la vie ne s'arrête jamais et la mort n'est qu'une apparence.

Des dieux qui n'en sont pas

Certains animaux leur rappelaient de façon plus graphique ce phénomène inséparable de la mort et de la vie. Par exemple, le scarabée, ce coléoptère noir que l'on trouve partout au pays : ils l'ont observé en train d'enrouler ses œufs dans une boule de crottin, pour ensuite l'enterrer dans le sable chaud. Après quelque temps, ce qui était mort disparaissait pour ne laisser apparaître que de petits scarabées tout neufs. Les Égyptiens ont donc adopté cet insecte pour en faire le symbole d'une fonction essentielle : la transformation continuelle de la mort en vie. C'est pourquoi ce symbole se retrouve partout. On le voit dessiné sur les murs ou buriné dans la pierre, dans l'émail bleu encadré d'or et tenant un soleil rouge au-dessus de sa tête, puisque le soleil, tout comme sa boule de crottin, passait aussi par la nuit de la mort avant de ressusciter tout resplendissant chaque matin.

Le soleil

Toutefois, si le soleil prend une place prépondérante dans l'imagerie de l'époque, il faut se rappeler une chose importante : ce n'est pas le soleil qu'ils adoraient, c'est l'énergie derrière, cette présence invisible qu'ils appelaient Rê – comme le dit clairement ce passage tiré des *Textes des pyramides* (–3200) : « Rê s'élève au-dessus des eaux primordiales sous la forme du disque solaire. » En effet, leur dieu s'appelait Amon-Rê : Amon, qui signifie, comme on l'a vu, « le caché », et Rê, son apparence sous la forme du soleil[124].

Marsile Ficin, de la Renaissance italienne (1433-1499)[125] : « Rien ne révèle la nature du bien plus pleinement que la lumière. Premièrement, la lumière est la plus brillante et la plus claire des choses sensibles. Deuxièmement, il n'y a rien qui se répande si facilement, si largement ou si vite que la lumière. Troisièmement, comme une caresse, elle pénètre toutes choses avec la plus grande douceur et sans jamais nuire[126]. Quatrièmement, la chaleur qui l'accompagne suscite et nourrit toutes choses et en est à la fois le propagateur et le générateur universel. Vous n'avez qu'à regarder le ciel. Le soleil peut vous montrer ce qu'est Dieu. »

Pour les Anciens, tous les êtres manifestent le divin. C'est un fait qu'ils prennent très au sérieux – une évidence dont ils vivent. On est loin de l'affirmation du catéchisme romain, « Dieu est partout », qui restait lettre morte, une affirmation que personne n'intégrait réellement dans sa vie quotidienne. Non, pour les Égyptiens, tout en est rempli, tout déborde de cette présence invisible et ils

---

124. Ainsi, le pharaon Toutankhamon signifie « l'image vivante (« ankh ») du caché » – une autre façon de dire la lumière invisible.
125. Humaniste, traducteur de Platon et de Plotin.
126. À l'époque, la couche d'ozone était encore intacte !

n'ont pas besoin d'un texte pour s'en souvenir. Car cette présence est pour eux synonyme de vie : tout vit de cette énergie qui se répand sur tout et en tout. En fait, il n'y avait pas moyen d'échapper à sa présence.

Les étoiles

Comme Platon l'enseignait, chacun avait son étoile et finissait par s'y rendre après la vie terrestre. Cette idée lui était venue pendant son voyage en Égypte. Il y apprit aussi que pour les gens de ce pays, la Voie lactée était le miroir céleste du Nil. De fait, plusieurs passages tirés des *Textes des pyramides* (n° 2374) nous suggèrent ce lien très étroit avec les étoiles. Par exemple : « Ô toi, tu es cette grande étoile, la compagne d'Orion, qui traverse le ciel avec lui. » Ou encore : « Puisses-tu grimper, puisses-tu monter sur un rayon de lumière vers ton étoile. » Parfois, c'est le défunt qui parle : « Je suis au cœur de la lumière[127] » (n° 2350) ; enfin : « Le roi apparaît en tant qu'étoile d'or. »

L'idée de l'âme reliée à l'étoile aurait-elle fait son chemin même chez William Shakespeare ? Il écrit en effet dans le cinquième acte du *Marchand de Venise* ce passage lumineux :

« Le doux silence et la nuit
Deviennent les notes de l'harmonie la plus pure.
Vois comme le toit céleste brille d'une épaisse tapisserie d'or :
Il n'est pas une seule étoile qui ne chante comme un ange.
C'est cette harmonie qui se trouve dans les âmes immortelles ;
Mais aussi longtemps que ce vêtement terreux et pourrissant
La recouvre misérablement, nous ne savons pas l'entendre. »

---

127.   Se rappeler les expériences de « mort apparente » (*near death experience*, ou NDE) où les âmes sont attirées irrésistiblement par la lumière...

La fonction, non l'animal

L'Égypte antique se représentait l'Univers comme une entité vivante. Chaque créature prenait part à la communauté de vie qui s'étendait de la divinité jusqu'au plus petit insecte[128]. Les animaux de tous genres étaient respectés autant que l'homme : il n'existait en fait aucune hiérarchie entre eux, tous participaient de la même vie, reliés à la même Source invisible. Mais comme la notion d'un dieu caché pouvait être difficile à saisir pour la multitude d'illettrés, les initiés ont compris qu'il fallait rapprocher ce concept abstrait et lointain au moyen de symboles, de figures et d'images faciles à déchiffrer. C'est ainsi que sont apparus la multitude de symboles d'animaux que l'on trouve partout dans la sculpture, l'architecture et l'art pictural égyptiens[129].

Les Égyptiens n'adorent qu'un dieu. Mais les symboles, les facettes ou les représentations de ce dieu se trouvent partout dans la nature, surtout chez les animaux. Toutefois, ce qui compte pour eux, c'est l'énergie, le caractère, la fonction qu'évoque l'animal, et non l'animal lui-même. Il est donc important de comprendre que ce sont ces fonctions (appelées *neters*) qui sont reconnues, célébrées, honorées, et non les êtres qui les manifestent ou les suggèrent. Telles sont, par exemple : la maternité (symbolisée par la

---

128. Arthur Cotterell, *Encyclopédie illustrée des mythes et légendes du monde*, Paris, Solar, 1990.

129. Ce que les Égyptiens appelaient les *neters* : ces figures d'animaux qui évoquent une force, une fonction, un secret de la vie invisible qui se cache derrière la nature. Cette façon de voir a été transmise à un peuple africain, les Coptes d'Éthiopie. Ce sont les descendants les plus directs de l'ancienne Égypte. Ils s'appellent en effet « le peuple du pays noir », par allusion au nom antique de l'Égypte, « la terre noire – *kémi* ». Or, ces Coptes ont conservé plusieurs traits de l'ancienne tradition, particulièrement par le langage. Justement, leur mot « noute », qui s'écrit comme le *neter* égyptien, signifie chez eux non pas les dieux mais « Dieu » – un indice du monothéisme transmis directement depuis l'Antiquité. (Magali Coudert, *Pour la science*, mai 2005-août 2005, p. 64.)

vache), la mort/renaissance (le soleil), la digestion/putréfaction (chacal), la force éternelle (lion), la vigilance (faucon), etc. C'est ainsi, comme nous l'avons vu, que le scarabée ne sera pas adoré comme un dieu, mais perçu comme ce qui symbolise la transformation de la mort en vie.

Or, si l'on y pense bien, c'est ainsi que nous agissons même aujourd'hui. Prenons les symboles que l'on trouve en Amérique sur les autos, les camions ou encore dans les clubs sportifs. Personne ne dirait d'elle, en voyant la petite sculpture de jaguar qui trône sur le capot, que c'est un dieu et que cela fait partie de la religion du chauffeur! Même chose en ce qui regarde les Cherokee, les Taurus ou les Maverick («veau non marqué»), les Impala (antilope), les Cougar; personne non plus ne croirait que les Tiger Cats («petits tigres», un club de football canadien), que les Falcons (faucons) d'Atlanta, les Eagles (aigles) de Philadelphie, les Rams (béliers) ou les Alouettes puissent être autre chose que les symboles des vertus que l'on prête à certains animaux et qui inspirent et stimulent les équipes.

Rappelons enfin que les animaux jouent également ce rôle d'inspirateurs et même de guides et de protecteurs chez les Amérindiens demeurés fidèles à leurs traditions. Il s'agit donc d'une longue tradition qui semble se maintenir au cours des époques, comme on voit par exemple sur les étendards des peuples du Moyen Âge: le sanglier, le lion, l'aigle, l'ours. Lorsqu'il s'agit de combat, de valeur ou de force, ce sont souvent ces figures animales qui sont employées.

Anubis le chacal

Comme les Égyptiens prenaient toujours leur enseignement de la nature, c'est en observant les comportements des animaux qu'ils se comprenaient mieux eux-mêmes. Ainsi, ils se sont aperçus que le chacal conserve sa proie jusqu'à ce qu'elle se décompose et que c'est à ce moment seulement qu'il s'en nourrit. Et comme cette décomposition est une fermentation, le chacal a été choisi pour présider à tout ce qui concerne les processus de la mort et de la renaissance qui entourent la momification. Ainsi, Anubis deviendra une tête de chacal sur un corps humain pour rappeler que ce processus de transformation qui est vécu par l'animal concerne encore plus le destin de l'homme.

Horus le faucon

Comme cet oiseau voit tout, il peut jouer le rôle non seulement du protecteur, mais également du guetteur sans merci pour ses ennemis. Il symbolise ainsi la vigilance et la protection. Le pharaon est souvent placé devant le faucon, qui le protège de ses ailes et de son regard perçant, comme on le voit dans la statue de Khephren (au musée du Caire) et celle du gigantesque faucon surplombant un minuscule pharaon à ses pieds (au Metropolitan Museum de New York).

Le serpent

Le serpent (cobra) apparaît habituellement de deux façons dans l'imagerie égyptienne : on le voit rampant dans les scènes d'enterrement ou sur le front des pharaons dans une position où il est prêt à frapper. Comme cet animal change de peau et se transforme continuellement, il est perçu comme un symbole important de la vie éternelle. Sur la tête du pharaon, il représente à la fois la vie éternelle et la protection contre les ennemis – la mort, le mal. Il exprime alors le fait suivant : « La seule protection, c'est d'être investi de vie éternelle. »

L'œil d'Horus

 Il s'agit d'un œil habituellement isolé que l'on voit apparaître un peu partout dans les hiéroglyphes et les peintures murales. Or, nous savons que Horus symbolisait le soleil, mais il est aussi le sauveur de son père (Osiris) – qui est le soleil renaissant chaque matin. Le symbole de cet œil est partout, justement parce qu'il représente le regard divin qui rayonne à l'intérieur de tous les êtres. Mais il ne s'agit pas de la conscience morale – cet « œil qui, du fond du tombeau, regardait Caïn ! » – ni surtout de cette horrible déformation de la phrase « Dieu est partout » qui finit par vouloir dire : « On vous a à l'œil, tenez-vous bien » – l'équivalent du Big Brother de *Brave New World*. Non, il est question d'une douceur attendrie, d'une sollicitude continuelle, d'une vigilance attentive. Voici quelques vers tirés des *Textes des pyramides* (n° 34) et qui illustrent ces attitudes :

« Tu crées des yeux à tout ce que tu façonnes
Chaque être est un œil de Dieu, un regard du créateur
projeté sur le monde
L'harmonie est ce qui t'est apporté
L'harmonie est ce que tu vois
L'harmonie est ce que tu entends
L'harmonie est devant toi
L'harmonie est derrière toi
L'harmonie t'appartient. »

Je ne pouvais m'empêcher d'évoquer ici cet autre poème d'une semblable inspiration et qui appartient pourtant à une autre tradition, celle des Navajos :

« Avec la beauté devant moi, j'avance.
Avec la beauté derrière moi, j'avance.
Avec la beauté au-dessus de moi, j'avance.
Avec la beauté sous moi, j'avance.
Me promenant dans un sentier de beauté, j'avance,
pleinement vivant. »

Deux traditions, si éloignées dans le temps et dans l'espace, et cependant si proches !

Le pharaon

Même le chef d'État représente une fonction de la nature et de la vie : il n'est pas perçu comme un individu, mais il cumule plusieurs rôles, celui de maintenir l'harmonie et l'ordre, de rassembler, de relier la terre au ciel, mais aussi de favoriser la communion entre les êtres terrestres. Il est une personne collective qui rend tangible le monde divin ici-bas. Ce n'est donc pas à lui qu'on rend un culte mais à la force divine, à la cohésion qui est en lui[130].

---

130. Tiré de Christian Jacq, *La sagesse égyptienne*, p. 41. Cela peut évoquer pour les chrétiens le rôle que joue pour eux le Christ.

Ankh : le symbole de la vie

Ce mot, traduit par «la croix ansée», est fait d'un cercle placé sur une croix qui est en forme de tau. Le cercle, c'est le soleil (la vie éternelle), alors que la barre verticale de la croix représente la descente dans la mort à cause de la ligne qui continue en dessous. Comme le confirme un des pharaons : «Le nœud magique (ankh) qui lie ensemble ces deux états (mort et vie) m'est donné.» En effet, dans la plupart des rencontres entre l'ici-bas et l'au-delà représentées dans les murales et les bas-reliefs ou encore lors des intronisations ou couronnements, on transmet cette clé au défunt, au pharaon ou à la personne fêtée. C'est comme si on souhaitait «Longue vie», ou encore mieux, «Vis éternellement!»[131]

Chez les anciens Égyptiens, les symboles expriment les lois ou les tendances de la nature qui se manifestent aussi par le jeu des nombres, par le contraste mâle-femelle, ainsi que par l'harmonie et la dissonance des sons. Par exemple, ce n'est pas un hasard si les feuilles d'une plante suivent une disposition alternante ou opposée, comme Goethe l'avait déjà découvert dans ses travaux. Ce n'est pas davantage accidentel que les truies aient 12 tétines, ou que le nombre 7 se trouve dans la gamme musicale et les couleurs. Finalement, c'est l'architecture secrète de la nature qui fait que la musique diatonique (celle de la plupart de nos musiques) plaise à l'oreille, contrairement à la musique atonale (Schoenberg, etc.) qui n'a jamais réussi à « prendre ». La beauté et l'harmonie sont inexplicables, mais l'âme les reconnaît immédiatement comme si elle se regardait dans un miroir.

En somme, le divin se manifeste d'une multitude de façons qui participent toutes à l'harmonie de l'ensemble. On y trouve les fonctions de la vie – naissance, gestation, transformation, mater-

---

131. Tiré d'Enel, *Le mystère de la vie et de la mort*, p. 74.

nité, renaissance – où agit réellement le divin, en tant qu'énergie, activité, force incessante, créativité. Mais jamais il n'est un être, une personne ou une chose. Comme il le dit dans un texte cité précédemment : « Je répugne à être enfermé dans une forme.»

La présence de ces têtes d'animaux, de ces symboles ou de ces allusions partout visibles dans la statuaire ainsi que dans les murales des temples – qui, on s'en souvient, n'étaient pas faites pour être vues – nous montre que les Anciens valorisaient beaucoup plus l'invisible que le visible et que leur regard n'a rien à voir avec le nôtre, englouti dans le monde des apparences. Schwaller, un de ceux qui avec Enel se sont penchés le plus longtemps sur les mystères de l'Égypte, illustre ce contraste de la façon suivante : « Si vous regardez une tache d'un vert vif, et qu'ensuite vous fermez les yeux, vous verrez sur la rétine non pas du vert mais du rouge, qui est sa couleur complémentaire. L'Occidental dira alors que le vert c'est la réalité et le rouge, une illusion créée par la rétine. Mais un Ancien dirait plutôt que c'est le rouge qui est la réalité, car il représente une *vision intérieure*. En effet, les symboles que cachent ces têtes d'animaux de l'Égypte ancienne ainsi que les hiéroglyphes évoquent une réalité plus riche, plus complexe et qui appartient au monde invisible[132].»

Comme nous le rappelait Saint-Exupéry, « l'essentiel est invisible pour les yeux » – ce qui était une évidence pour les Anciens. Ils en vivaient constamment, au point que l'au-delà du visible et de la mort était pour eux aussi réel, plus réel même que les choses dont on ne voit que la peau.

Un autre exemple de la primauté de l'invisible est suggéré par Schwaller : c'est le livre, un objet solide de forme rectangulaire. Mais ce n'est là que sa réalité extérieure. Ce qui s'y trouve *à l'intérieur* peut nous emporter dans un voyage magique. La réalité du livre est cachée et pour une personne qui ne sait pas lire, ce serait simplement un objet matériel sans plus[133].

---

132. Cité par Wilson, *op. cit.*, p. 202. C'est sans doute pour cette raison que les Occidentaux ont évité l'analyse des hiéroglyphes, qui contiennent jusqu'à trois niveaux de signification et se prêtent à une infinité de permutations.

133. *Id.*, p. 203.

La place des animaux

Les animaux jouent un rôle capital dans la vie et la sagesse des Anciens. Ils sont habités par l'invisible autant que les humains qui sont leurs frères dans l'aventure de la vie. En effet, « le seul but de ce bestiaire fantastique est de révéler aux yeux de l'incrédule la mystérieuse réalité d'un monde invisible[134] ». Aussi les animaux sont-ils tous respectés. « Jamais on ne présentera la présence animale comme hostile à son environnement. Même lorsque les Égyptiens représentent un crocodile, ils mettent rarement en exergue son agressivité primaire. Ils n'hésitent pas à soumettre son allure imposante, sa mâchoire puissante, à l'idée qu'il symbolise : il est celui qui, venu de l'eau – source de toute vie –, évoque l'origine de tout vivant[135]. »

L'Égypte éteint toute cruauté, toute méchanceté de la figure animale. Elle n'autorise pas de sacrifices sanglants, ni ne comporte l'examen de viscères animaux afin de prévoir l'avenir immédiat ou lointain[136]. Pas de cerbère, ce chien cruel à trois têtes, représenté dans l'art grec. Elle favorise au contraire un grand respect[137].

Les animaux apparaissent comme la matérialisation d'une seule force, l'invisible, dont dépend toute la vie sur terre[138]. Comme il a été démontré au chapitre 4, les animaux apparaissent dans tous les lieux habités ou visités par les Égyptiens – ils sont dessinés, coloriés, sculptés, enjoués ; ils vont courant et sautant, nageant et volant. Ils représentent l'air, la terre et les eaux. Ils sont partout et accompagnent l'homme même dans l'au-delà[139].

Il n'existait pas pour ces Anciens de monstres menaçants, prêts à dévorer ou à détruire l'homme. Aucun animal terrifiant n'était

---

134. Héry et Enel, *Les animaux du Nil, les animaux de Dieu*, p. 11.
135. Enel, *id.*, p. 95.
136. Comme chez les gréco-romains et les peuples barbares.
137. *Ibid.*
138. Enel, *id.*, p. 180.
139. Ce qui est confirmé par les rencontres avec le monde invisible, à travers la médium, comme je l'ai abondamment montré dans *Le pays d'après* (Éditions Quebecor, 2003).

représenté évoquant des menaces pesant sur l'individu dans la vie de tous les jours. Cette image rassurante des animaux différencie l'Égypte d'autres pays où les religions offraient des représentations de monstres effroyables ou sacrifiaient les animaux pour apaiser leurs dieux[140].

Ce qui a épargné à l'Égypte cette inhumanité, c'est qu'elle n'a jamais privilégié l'humain au point de mépriser l'animal. À l'inverse de l'Occident qui manque de considération à l'égard de ces créatures dites « inférieures », l'Égypte donne une place éminente aux animaux, celle qui est la leur en tant que créatures divines. Alors que l'Occident a établi arbitrairement des échelles de valeurs entre le genre humain et l'animal, l'Égypte élève l'un au rang de l'autre et conduit les adorateurs d'Amon à respecter intimement l'animal, à établir un dialogue avec lui, semblable à celui qu'instaurera François d'Assise. « Grâce aux animaux, les Égyptiens ont exprimé par le visible, l'invisible, par la matière, l'esprit et, à travers les apparences, ce qui les dépasse[141].

Le culte d'Osiris

Les cultes pratiqués lors des festivités étaient tous des modulations de deux thèmes — la mort et la vie — habillés diversement, soit comme opposés, soit comme pôles complémentaires. En effet, dit Enel, « le mystère de la vie et de la mort constitue les deux axes de la pensée égyptienne[142] ».

Le culte solaire (Rê) ne représente donc qu'un aspect de la religion ancienne, tout comme la vie qu'il évoque est inséparable de la mort qu'il occulte. L'autre pendant de cette liturgie est le culte d'Osiris. Comme le domaine du soleil — Rê — était celui de la manifestation, c'est-à-dire des vivants, celui d'Osiris était le domaine des morts, le monde caché, l'invisible.

---

140. Enel, *id.*, p. 82. Par exemple, celles des Mayas, des Aztèques, du judaïsme, ou de la tauromachie qui sacrifie cruellement le taureau à la bêtise de l'homme.

141. Enel, *id.,* p. 15.

142. *Les animaux du Nil*, p. 180.

Osiris personnifie la vie qui renaît toujours de la mort – dont le symbole est la semence qui doit être enterrée pour donner naissance à une plante nouvelle. «Et comme il y a un semblant d'opposition entre vie et mort, Osiris rencontre éventuellement Seth, cette force qui fait échec à la vie[143].» Cependant, on ne doit pas s'effaroucher de tous ces noms déconcertants, car ce ne sont pas des dieux mais des fonctions, des rôles, des attitudes. Il s'agit d'une opposition comme celle qui existe entre croissance spirituelle et matérialisme, c'est-à-dire entre les fréquences élevées de l'âme et les basses fréquences de la matière et des instincts.

Certes, Osiris tombe sous les coups de Seth : il est noyé dans le Nil, qui symbolise la mort apparente, mais de cette eau il rejaillira vivant, une fois la crue terminée. Osiris ne meurt que pour revivre le lendemain, rescapé par son fils Horus. En ce sens, sa mort évoque les «morts apparentes» qui sont de plus en plus fréquentes de nos jours, où l'individu est déclaré mort par le médecin, pour revenir à la vie quelques minutes plus tard[144].

Horus retrouve son père Osiris. Il s'agit d'une rencontre d'un symbolisme élevé. Osiris (le père) et Horus (le fils) sont d'un certain point de vue identiques – deux manifestations de la vie, de la lumière. Un texte du *Livre des morts* (en égyptien, *Les chapitres de la sortie vers la lumière*) nous suggère cette identité : «Je suis le père qui se manifeste dans le fils, je suis le fils qui était en puissance dans le père[145].» Autrement dit : l'invisible est

---

143. Hérry et Enel, *Animaux du Nil,* p. 191. Le soleil représente déjà le passage de la mort à la vie, de même que la semence, le scarabée et, finalement, Rê. Ce qui différencie Osiris qui représente ces mêmes choses, c'est qu'il est mis en opposition avec Seth. Cela signifie que pour les Égyptiens il existait une polarisation mort/vie, matière/esprit, etc.

144. Un des meilleurs exemples de cela est fourni au chapitre 7, sous la rubrique «Le message de Ned».

145. Cité par Christian Jacq, p. 95. Ces mots évoquent les paroles de Jésus : «Le père et moi sommes un.»

en quelque sorte le visible ; l'éternité est de même nature que le temps, et la mort est une vie cachée.

Après sa victoire, Horus, sauveur de son père, devient le seul souverain de l'Égypte – un dévouement purement symbolique, puisqu'il ne s'agit pas d'un vrai pharaon mais d'une figure représentant une fonction. Par sa victoire, il va unifier le nord (pays d'Osiris) et celui de Seth, au sud. Mais dans cette « opposition » à la suite de quoi le faucon aux yeux de feu devient protecteur d'Osiris, il n'est pas question d'un rival l'emportant sur l'autre. Il s'agit plutôt de l'éternelle rencontre entre la mort et la vie, où la vie finit toujours par resurgir. Autrement dit, c'est la dramatisation d'un événement à la fois banal mais d'une suprême importance : le soleil qui se lève neuf et rayonnant chaque matin après avoir été englouti dans les ténèbres de la mort.

La vie de l'au-delà

Comme nous l'avons vu dès le premier chapitre, « les Anciens tenaient pour acquis la vie après la mort. La vie terrestre n'était qu'une petite partie du grand cycle qui commençait dans un autre monde et qui s'y arrêterait un jour. Les esprits – ceux de la nature comme ceux des humains ayant quitté leur corps – étaient pour les Anciens aussi réels que les corps vivants sur terre[146]. » Du reste, l'existence terrestre était perçue comme un temps d'apprentissage, où on rencontrait des obstacles qui faisaient progresser. On devenait ainsi responsable de ses actes, on apprenait à respecter les lois et la présence de l'invisible dans les événements et les êtres.

Plusieurs passages du *Livre des morts* évoquent un jugement, qui suit le décès. Et les murs des temples sont recouverts de symboles décrivant les rencontres entre l'âme et des tribunaux de l'au-delà. Il y est question de comptes à rendre. Or, j'étais étonné

---

146. Wilson, p. 208.

de voir chez une civilisation si élevée ces images évoquant les gravures très graphiques du Moyen Âge chrétien – qui me terrifiaient enfant – et du *Livre tibétain des morts*. Imhotep est venu à ma rescousse ! Il m'a expliqué que tout cela était symbolique : les quelque quarante juges représentaient simplement les sujets sur lesquels l'individu devait lui-même s'examiner avant d'entrer dans la lumière. C'est chaque âme qui devait se rencontrer. « Le juge, c'est soi-même », a-t-il répété. Comme pour toute autre fonction, ce jugement ou cette reddition de comptes qui font partie de l'évolution de l'âme étaient représentés par des symboles tels que la plume blanche évoquant la délicatesse du cœur qui soupèse la valeur de ses actes passés.

« Si je suis parvenu à ma demeure d'Éternité,
C'est que j'ai fait le bien sur terre
Et que mon cœur s'est complu dans le chemin de Dieu,
Depuis ma naissance jusqu'à ce jour », lit-on dans *Le texte de Petosiris*.

Le voyage de l'âme

*Toutes choses passent
dans l'Autre monde avec leur Ka.*

Textes des pyramides[147]

L'Égyptien d'autrefois savait que les épreuves de la vie sont faites pour qu'il progresse sur la voie qu'il s'était choisie. Et une fois sa vie terrestre achevée, il est mis face à sa conduite passée. S'il a bien vécu, son âme (appelée *Ka*) entre dans le repos et refait ses forces[148]. Ensuite, elle reprend un autre corps – elle revient en tant qu'autre personnage ou ego, appelé *Ba* – puisque la purification se poursuit toujours. « Les existences successives par lesquelles on passe, dit Enel, agissent comme les tamis d'un moulin, qui font une farine toujours plus fine et plus pure. Celui qui a bien vécu

---

147. Cité par Enel, *Le mystère de la vie et de la mort*, p. 38.
148. Le repos ou la paix s'appelle *hotep,* comme dans le nom Imhotep – « celui qui vient dans la paix ».

connaît la libération, alors que celui qui a mal agi doit reprendre sa vie manquée en traversant des épreuves semblables pour rectifier sa conduite et remplir la mission naguère manquée. L'épreuve terrestre est donc un instrument positif par lequel l'âme apprend à se fortifier, à assumer ses responsabilités et à remplir son destin avec fidélité[149].»

Comme le dit Elisabeth Kübler-Ross: «Lorsque nous avons appris les leçons que nous étions venus apprendre sur terre, nous sommes autorisés à passer au plan supérieur. Nous pouvons alors abandonner notre corps, qui emprisonne notre âme comme la chrysalide enferme le futur papillon. Ainsi, nous serons libérés de toute souffrance, de toute peur et de tout souci. Nous retournons où nous ne sommes jamais seuls, où nous continuons de grandir, de danser et de chanter, où nous retrouvons ceux que nous avons aimés, et où nous sommes enveloppés d'un amour infini et inimaginable[150].»

Une religion élitiste?

Plusieurs critiques de la civilisation de l'Égypte ancienne l'ont accusée de ne favoriser que l'élite aux dépens des masses. Mais ici encore, les préjugés sont bien enracinés. Si on s'en tient aux seules apparences, tout semble en effet indiquer que les pharaons et les initiés entretenaient un système qui ne favorisait qu'eux-mêmes aux dépens de la foule. Mais toutes les autorités de l'époque savaient que les symboles religieux étaient là pour une raison: il fallait rendre une idée philosophique accessible aux simples. Parler uniquement d' «Amon le caché» n'aurait pas touché le peuple:

---

149. Héry et Enel, *Animaux du Nil*, p. 341. On verra au chapitre 7 quelles sont les conduites justes qui, selon les Anciens, maintiennent en harmonie avec les lois de l'Univers.

150. *Mémoires de vie, mémoires d'éternité*, p. 359.

il lui fallait des images tangibles qui expliciteraient la réalité de l'invisible. C'est pourquoi on utilisait ces expressions du divin, qui n'étaient bien sûr que ses masques et s'adressaient à ceux qui n'étaient pas instruits[151].

Ce n'est là que de la bonne pédagogie, tout simplement. Par exemple, cela s'est fait et se fait toujours dans le christianisme, où un Dieu abstrait ne pouvant toucher le cœur et l'imaginaire du peuple fait place à un personnage comme Jésus qui donnait un visage humain à Dieu, devenu alors son père. C'est aussi d'une façon analogue que j'ai procédé dans mon enseignement depuis une trentaine d'années : tout en m'efforçant de rendre mon message le plus clair possible, je ne pouvais faire que les questions de haut niveau soient complètement diluées, sans qu'elles perdent leur sens. J'acceptais donc à l'avance que mon enseignement n'atteindrait pas les masses et n'attirerait que ceux qui sont en recherche. Est-ce là une attitude élitiste ou bien une nécessité pédagogique ?

Bien sûr, on pourrait dire que je favorisais ainsi une élite, mais il en est ainsi dans tous les domaines de la connaissance, où il y a des niveaux qui dépassent l'entendement populaire. Comme les sphères plus élevées, plus spécialisées sont aussi plus exigeantes, ce n'est pas d'exclure les masses que d'exiger qu'elles fassent leurs classes préparatoires ; c'est du simple bon sens. Un mathématicien n'enseigne pas ses théories les plus avancées à des débutants et les formules d'Einstein ne sont comprises que d'une poignée de savants ! Elles ne sont pas pour autant élitistes.

Cela signifie simplement qu'on doit accepter le fait qu'il y a des étapes dans le développement des esprits et des consciences. C'est pour cela que dans leur sagesse, les initiés de l'Égypte « mettaient de l'eau dans leur vin » en présentant l'invisible – Amon – par des facettes et des visages plus accessibles et, bien sûr, plus concrets et, du même coup, plus éloignés de la Source abstraite.

---

151. Tout comme les vitraux et la statuaire du Moyen Âge servaient de livre d'instruction religieuse pour les masses.

Il y a un autre point important à préciser. Lorsque les Égyptiens considéraient le pharaon et leurs prêtres comme supérieurs à eux, et qu'ils cherchaient à leur ressembler, afin de jouir un jour du bonheur des élus, ils n'agissaient pas autrement que les chrétiens qui vont adorer, imiter, diviniser Jésus, ou que les bouddhistes qui voudront ressembler à Gautama, que les communistes à plat ventre devant Lénine, Staline et Mao, ou encore les disciples de Sartre qui en ont fait leur dieu. Le culte des héros, des *stars* et des idoles, libérateurs ou tyrans, a toujours séduit les gens de la masse qui se sont identifiés à ceux qu'ils croyaient leur être supérieurs – alors que ce n'étaient que des humains qu'ils avaient exaltés en se méprisant eux-mêmes !

L'importance donnée au pharaon et aux initiés est à première vue un phénomène universel. Toutefois, le rôle, la position et le sens qu'y prend le pharaon ne sont pas ce que l'on pense. Ici aussi, le caché existe et il faut le découvrir. Le pharaon n'est pas du tout un tyran qui écrase son peuple ou qui travaille à s'enrichir. Comme nous le verrons au chapitre suivant, il était au contraire le gardien de l'harmonie, de la cohésion sociale, l'intermédiaire entre le visible et l'invisible. Il était ainsi plus près d'un prêtre que d'un simple gouverneur au sens où nous l'entendons aujourd'hui.

La leçon d'Akhénaton (–1352 à –1336)

Il y a cependant un pharaon célèbre qui n'a pas compris qu'il fallait respecter le niveau de conscience de la masse. Il s'appelle Akhénaton. Il a voulu traiter le peuple comme si celui-ci comprenait les abstractions les plus élevées, lui imposant l'idée d'un dieu unique désormais identifié, et non plus seulement représenté, par une forme concrète – le soleil. Autrement dit, l'invisible ne serait plus qu'une chose visible et en adorant celle-ci, c'est la Source de toute chose qu'on atteindrait. C'était faire d'une créature le créateur ou du créateur une créature – ce qui s'appelle de l'idolâtrie. («Je ne supporte pas d'être enfermé dans une forme.»)

Akhénaton fut donc condamné par les prêtres de Thèbes pour qui Dieu ne pouvait se montrer tel qu'il était, les symboles n'étant que les façons dont il se manifeste dans la nature. Ils avaient probablement raison d'agir ainsi, puisque 50 ans plus tard, Moïse[152] tentera de contraindre les Hébreux à adorer un dieu abstrait – Yahweh, le « je suis ». Mais avec peu de succès, car le peuple, ayant toujours besoin d'images, de représentations, s'est tourné vers les formes qui lui parlaient – un veau d'or, des statuettes et des fétiches matériels « faits de main d'homme », comme on disait à l'époque.

Enfin, les prêtres de la religion égyptienne croyaient que l'enseignement concernant les pouvoirs cachés de la nature, comme l'emploi du son pour déplacer des blocs de pierre, ne pouvait être divulgué du fait que la connaissance des forces secrètes de la nature représentait des dangers entre les mains d'esprits non préparés ou déviés (comme ce fut le cas pour les Atlantes matérialistes, et à notre époque, pour un savant [lui aussi atlante] tel qu'Oppenheimer, le père de la bombe atomique). Ainsi donc, pour arriver à ses fins, Akhénaton a dû quitter Thèbes, le siège des pharaons traditionnels, et transporter sa capitale et sa cour à Tell-el-Amarna, où il construisit un temple à sa gloire et se fit créer des représentations bizarres de lui-même et de sa famille.

---

152. Au dire d'Imhotep lui-même (toujours à travers la médium), Moïse n'était pas juif mais égyptien : cependant, il a dénaturé la religion pharaonique en inventant un Dieu abstrait, punitif et éloigné de la vie. Mais Moïse conservait une notion polythéiste de Dieu : « Il donnait au créateur le nom d'Elohim, ce qui signifie littéralement "moi-nous-les dieux" (Enel, *Les mystères de la vie et de la mort*, p. 335). Plus tard, Dieu s'appellera Yahweh, "je suis ce que je suis" – une abstraction impossible à intégrer dans la vie pratique. »

Il faut se rappeler aussi que le nom de Moïse est manifestement d'origine égyptienne et très courant à l'époque des pharaons. Le créateur de la religion hébraïque était un initié des temples égyptiens, et selon le récit de la Bible, il possédait la parfaite connaissance des secrets de la « langue divine » (les hiéroglyphes). (Enel, *Le message du Sphinx*, p. 108.) Le nom de Moïse (Moses, Mosis, Mose) qui signifiie « être engendré » (du Nil sous-entendu) est un suffixe qui fait partie de plusieurs autres noms connus : Ptah-Mosis (né de Ptah) ; Ra-mosé (né de Ra ou Rê), vizir du nord ; Ra-mses (né de Ra) pharaon ; Thut-mosis (né de Thot, inventeur de l'écriture) pharaon, et Ah-mosis (la lune est née) pharaon. Moïse est né sous le règne de Ramsès II, quelque 50 ans après le règne d'Akhénaton.

Akhénaton a commis l'erreur de prendre le soleil pour Dieu. Cependant, si comme l'affirment Héry et Enel[153], sa réforme n'apporta rien d'essentiellement nouveau, il reste qu'il nous a légué un hymne au soleil tout à fait admirable. En effet, si on considère le soleil simplement comme un symbole du divin, l'hymne dégage alors une grande noblesse. En voici quelques extraits :

« Ton apparition est belle à l'horizon du ciel, ô soleil muet...
Tu es éloigné et pourtant tes rayons sont sur la terre.
Lorsque tu te couches à l'horizon occidental, la terre est dans l'obscurité comme si elle était morte.
Les hommes dorment dans leur chambre la tête enveloppée, et aucun œil ne voit l'autre ;
Si on leur dérobait tous leurs biens qu'ils ont sous leur tête, ils ne le remarqueraient pas.
Quand tu te lèves, tu dissipes l'obscurité.
Les hommes sont joyeux, ils s'éveillent et se tiennent sur leurs pieds quand tu les as fait lever.
Ils lavent leurs corps et ils prennent leurs vêtements.
Leurs mains saluent ton apparition[154] et le pays tout entier se livre à son travail.
Tous les troupeaux sont contents de leur herbage.
Les arbres et les plantes verdissent.
Les oiseaux s'envolent de leurs nids et leurs ailes te louent,
Tous les animaux bondissent sur leurs pattes
Tout ce qui vole et bat des ailes vit quand tu t'es levé pour eux.
Les barques descendent et montent le fleuve et les poissons dans la rivière sautent devant ta face.
Tes rayons pénètrent dans la mer. [...][155] »

---

153. *Animaux du Nil, animaux de Dieu*, p. 191.
154. Un rituel pratiqué également par des Amérindiens fidèles à leurs traditions.
155. Tiré de *Égypte, cinq mille ans d'histoire : terre éternelle des pharaons*, Éditions du Lodi, 2004, p. 240.

« Toi qui fais l'herbe pour le bétail et l'arbre de vie pour
l'Homme
Qui donnes la nourriture au poisson dans le fleuve et la
sienne à l'oiseau qui traverse le ciel
Qui donnes le souffle à ce qui est dans l'œuf, et fais vivre la
progéniture du ver et de l'insecte
Toi le dormeur qui veilles toujours lorsque tous les hommes
dorment[156].
Gloire à toi, dit chaque contrée, dans les hauteurs du ciel
Dans l'immobilité des terres, dans les profondeurs de la
mer[157]!»

Ce texte évoquera spontanément chez le lecteur le *Cantique
au frère Soleil* de François d'Assise. Le titre même montre que
François voyait le soleil comme une simple créature et non comme
l'Éternel lui-même :

« Très Haut, tout puissant et bon Seigneur,
À toi louange, gloire, honneur et toute bénédiction ;
À toi seul ils conviennent, au Très-Haut,
Et nul homme n'est digne de te nommer.
Loué sois-tu, mon Seigneur, dans toutes les créatures,
Spécialement messire frère Soleil,
Par qui tu nous donnes le jour, la lumière ;
Il est beau, rayonnant d'une grande splendeur,
Et de toi, le Très-Haut, il nous offre le symbole.
Loué sois-tu, mon Seigneur, pour sœur Lune et les Étoiles :
Dans le ciel tu les a formées
Claires, précieuses et belles. [...]
Loué sois-tu, mon Seigneur, pour notre sœur notre mère la
terre,
Qui nous porte et nous nourrit,
Qui produit la diversité des fruits,
Avec les fleurs diaprées et les herbes. [...]»

---

156. Ce vers évoque le verset du *Cantique des cantiques*: «Je dors mais mon
cœur veille.»

157. Tiré de François-Xavier Héry et Thierry Enel, *Animaux du Nil, animaux
de Dieu*, p. 191. Même si on voit percer dans ces versets la notion d'un
soleil prenant la place de Dieu, ils demeurent évocateurs.

Et si je cite aussi longuement le *Cantique* de François, c'est pour une autre raison ; nous avons appris d'Akhénaton lui-même, à travers une médium bien sûr, qu'il s'était réincarné en tant que François d'Assise et qu'il avait pu ainsi réviser son hérésie et... compléter son hymne au soleil !

Chapitre 6

L'harmonie

La connaissance du cœur

Chez les anciens Égyptiens, la façon de connaître était complètement différente de la nôtre, au point même de lui être tout à fait opposée. C'est peut-être pour cela que si peu de gens s'y reconnaissent ou veulent en entendre parler. Car l'approche des Égyptiens était *compréhensive* – ils pouvaient voir l'Univers et l'existence humaine comme un ensemble, comme une chose unifiée. C'est un regard propre aux enfants et aux animaux et qui existe encore chez des peuples tels que les Maoris de l'Australie. Tout ce dont heureusement, croyons-nous, la civilisation nous a finalement libérés !

En effet, notre connaissance est d'emblée rationnelle, utilisant des concepts qui permettent de disséquer et d'analyser les objets à l'étude. C'est une approche *fragmentaire*, morcelée. On connaît dans la mesure où on distingue une chose d'une autre, où on la compare, l'oppose, la décortique, oubliant graduellement, à mesure que le morcellement se poursuit, les liens entre les choses, leur complicité, leurs interdépendances, leurs relations essentielles.

Si tout dans l'Univers forme un tissu indéchirable, la connaissance rationnelle qui caractérise l'Occident en tient si peu compte qu'elle se voit de moins en moins capable de reconnaître l'unité, s'éloignant graduellement d'une vue d'ensemble comme un continent à la dérive. Cela est évident dans les disciplines scientifiques qui n'ont plus de langage commun, et encore plus dans Internet qui présente en vrac et de façon complètement fragmentée un monde de connaissances, d'événements et de choses, sans fournir de mode d'emploi, de vue d'ensemble, de système de valeurs intégrant le tout, et encore moins de discernement pour y voir clair.

Aujourd'hui, aucun individu ne peut contenir à lui seul les connaissances. Même un savant ne le peut. Et chaque spécialiste comprend de moins en moins l'autre spécialiste qu'il côtoie dans le même centre de recherche. Nous ne disposons plus d'une façon de percevoir l'Univers comme un ensemble – cela du reste va à l'encontre de la méthode scientifique que nous avons érigée en absolu. Bien que tous les problèmes et les systèmes écologiques soient reliés, nous ne savons plus les coordonner – les *comprendre*. Tout s'émiette graduellement, comme une terre naguère riche se transforme petit à petit en terrain sablonneux, et finalement en désert – à mesure que les arbres qui la maintiennent vivante et forte disparaissent.

Les Anciens possédaient le secret de l'harmonie cosmique et de ses vibrations subtiles, ce qui leur permettait de se sentir une part intégrante de la nature et du monde. Ils en savaient plus que nous, non parce que leur pouvoir d'analyse et de stockage était plus grand ou plus habile, mais parce qu'ils connaissaient les pouvoirs cachés de l'esprit, ce qui leur permettait à la fois de comprendre par l'intuition et le ressenti, et de pénétrer dans la matière au moyen de ses vibrations.

Chez eux, c'est le cœur – appelé *Ab* – qui était considéré comme le siège de l'intelligence : « Je comprends par mon cœur », lit-on au chapitre 26 du *Livre des Morts*. On sait que le cœur en tant qu'organe physique relie tout le corps par la circulation – c'est lui qui tient en communication les diverses parties ; et sur les plans subtil et spirituel, le cœur représente l'énergie qui unifie, qui relie, qui maintient l'harmonie, qui ouvre et libère de l'égocentrisme. C'est le quatrième centre d'énergie (ou *chakra*), celui qui rend humain, en ouvrant la conscience à ce qui rassemble et accueille. C'est le siège de l'amitié et de la compassion – le potentiel d'aimer et ce qui nous accorde aux autres, au monde et à la vie. C'est le diapason, l'instrument qui harmonise.

Curieusement, pour les Égyptiens, la santé du corps était également affaire de cœur. Pour eux, toute maladie était causée par une perte d'équilibre ou d'harmonie entre l'âme et les différents corps (physique, émotionnel et mental). Les médecins étaient donnés par Dieu pour assurer la bonne distribution de l'énergie à travers les corps d'un être humain. Le secret du médecin, lit-on dans les traités, c'est de connaître les mouvements du cœur (ses pulsations) et son potentiel de compassion : il veille à ce que rien ne se sclérose ; il est le maître des circulations[158].

Les vibrations sonores

Les Égyptiens savaient que les vibrations de la pensée unies à celles du son (paroles, tambours, musique) pouvaient guérir le corps, élever l'âme, déplacer des poids lourds en déjouant les lois de la pesanteur. Comme nous l'avons vu, c'est ainsi qu'ils ont bâti les pyramides. Ils y arrivaient par une intelligence non mentale, non intellectuelle, ce que Schwaller appelle « l'intelligence du cœur » et qui est, selon moi, la seule véritable intelligence[159]. Par l'intuition, ils entraient à l'intérieur des êtres et s'unissaient à la vibration de la matière[160].

---

158. Wilson, *op. cit.*, p. 105.

159. Wilson, p. 203.

160. Cela est encore possible de nos jours, mais pour des individus très doués, comme le cinéaste russe Yermolayev. Il prend en main un paquet de cigarettes, le tient devant lui et y fixe le regard avec une telle intensité que la sueur perle à son front. Quant il ouvre les mains, le paquet tombe. Mais il le reprend et cette fois-ci il lui parle de façon presque imperceptible. Puis, il ouvre les mains et le paquet reste suspendu pendant 40 secondes. Durant cette opération, il cherche à établir un rapport avec l'objet, à entrer en unisson avec ses vibrations. Il tente de se projeter en lui en le « persuadant » par la voix. En somme, il lui transmet son intention, où pensée et son s'unissent (Wilson, p. 269).

Les anciens initiés reconnaissaient à chaque être son ton vibratoire, sa «basse continue» pour ainsi dire, le son qui, selon les Tibétains, est à la base de tout être, un peu comme sa signature, le nom par lequel on peut l'appeler. Ils savaient aussi que par sa voix l'individu peut se guérir, s'il prolonge le son en chantant une syllabe telle que *aum* et le dirige intentionnellement vers la partie souffrante : c'est la vibration qui opère, unie à l'intention de la pensée. C'est du reste, semble-t-il, la voie de la médecine à venir[161].

Tout ce qui existe vibre à une certaine fréquence – les corps émettent des vibrations par leurs formes mêmes (comme on l'a vu pour la forme pyramidale), toute la matière bouge constamment mais aussi subtilement que des pulsions de paramécies ; et les couleurs émettent également des «sons» à des vitesses variées, selon la gamme des tons chauds ou froids. Tout chante secrètement. Et ce n'est pas par accident que notre oreille soit le seul sens qui reste toujours ouvert – il est toujours accessible aux vibrations des êtres (même si l'on n'en est pas conscient ou ne veut pas l'être), et c'est aussi le dernier sens à s'éteindre lorsque meurt le corps[162].

La justesse

La sagesse ancienne était fondée sur une intuition de l'harmonie universelle. L'Univers était ressenti comme un corps vibratoire où tout sonnait juste. C'était un monde ordonné par des lois d'équilibre. Un monde accordé, comme on le dit d'un piano. Mais l'harmonie n'est pas quelque chose qu'on obtient : c'est l'état naturel des choses, un peu comme le tao chinois, qui ne se révèle qu'à l'homme ouvert, confiant, à l'écoute[163].

---

161. Celle-ci a déjà été annoncée par l'ouvrage *Vibrational Medicine*, le médecin américain Richard Gerber (Rochester [New York], Bear & Co., 1980) faisant un autre pas avec *L'homme cellulaire* que j'ai écrit avec Jean Ratte, le créateur d'une approche révolutionnaire de l'autoguérison.

162. Même dans le coma, l'âme du malade entend, ressent et comprend – puisqu'elle peut faire tout cela sans le corps. C'est un peu comme un conducteur pleinement éveillé qui resterait pris dans une auto en panne.

163. Schwaller, *Sacred Science*, Rochester (Vermont), Inner Traditions Intl, 1961, p. 181.

D'avance, les éléments, les choses, les événements sont spontanément accordés : ils savent s'entendre. C'est cela l'harmonie. Ça existe avant que l'homme s'en mêle et seulement lorsqu'il n'y intervient pas par son mental aux gros sabots. Ce n'est donc pas le fruit de l'effort ou du savoir intellectuel, mais plutôt l'innocence du cœur, le « je ne sais pas » qui fait qu'on s'émerveille devant le monde qui se déplie et se manifeste. C'est entrer dans cette danse sans apprêt, sans préparation, sans attente. Comme la guérison d'une blessure qui se fait même de nuit, à notre insu ; comme l'entrée dans le sommeil qui profite d'un moment de distraction ; comme l'accueil de son passé qui monte à la sauvette par les grilles de la conscience. Lorsque le cœur est mûr, le monde entier pénètre à l'intérieur et y fait sa demeure. Ils vibrent à l'unisson.

Ils s'entendent. Quel verbe merveilleux ! C'est à la fois le cœur qui est à l'écoute et les ondes qui entrent à pas feutrés. Une harmonie vibratoire. Tout l'Univers *s'entend* pour vibrer à l'unisson.

Viser juste

L'Égypte est une civilisation du regard juste.
Christian Jacq, p. 99

Agir de la bonne façon. C'est le fruit d'un cœur juste – cela se produit naturellement comme la pomme tombe du pommier ou la pluie du nuage, la lumière du soleil. La justesse, c'est la qualité de ce qui est tel qu'il doit être – parfaitement approprié, adapté, adéquat. Comme on dit d'une balance ou d'un raisonnement qu'ils sont justes. Diverses expressions nous le rappellent : chanter, voir, viser, frapper, sonner juste ; le juste milieu. Il est question d'être accordé, en équilibre, d'agir avec sûreté, d'atteindre avec précision le but visé.

Celui qui comprenait l'harmonie des lois naturelles était appelé « celui dont la voix est juste », c'est-à-dire en harmonie avec les forces constructives de la nature. Il pouvait donc, en se servant de la « voix juste », créer, « appeler à la vie » des objets inanimés ou encore les soustraire à la loi de gravité, comme ce fut le cas dans la construction des pyramides[164].

Tout le déroulement de la vie était placé sous le signe de l'harmonie. Comme l'Univers entier était perçu comme une communauté en perpétuelle transformation, seule la communion des hommes liés entre eux par la recherche du divin pouvait réaliser cette unité. Et c'est le pharaon qui en était chargé : il en était la clé. Le pharaon était en effet celui qui plus que tout autre devait vivre en harmonie avec le cosmos. Il était le symbole de ce lien entre le visible et l'invisible, l'au-delà et l'ici-bas, l'éternité et le temps. Il rendait tangible le monde divin sur cette terre. Il n'était pas considéré comme un individu, mais comme un être communautaire, comme le centre vital, le cœur de la société même. Sa santé ne relevait pas simplement d'un bon état physique, mais d'une conformité permanente à l'ordre vital du cosmos[165].

Le pharaon ne jouissait pas béatement de richesses incroyables comme un Louis XIV : il était soumis à un réseau de devoirs qui assuraient la cohésion entre la vie du peuple et le monde invisible. En somme, il garantissait le respect de l'ordre éternel établi par Amon-Rê. Celui qui tentait de détruire cet ordre et cette harmonie était considéré comme le véritable ennemi de l'empire. En fait, le pharaon ne permettait à personne de s'écarter de la communauté, pour satisfaire ses ambitions ou désirs personnels[166].

On connaît le cas de ce vizir qui punissait volontairement ses proches afin qu'on ne l'accuse pas de leur octroyer des faveurs. Ce comportement était aussi inadmissible que celui consistant à profiter obscurément de sa charge ; le vizir ne respectait pas l'harmonie, car il châtiait injustement au nom d'une idée fausse. Celui qui « en fait trop » comme celui qui « n'en fait pas assez » trahissent également l'harmonie universelle[167].

---

164. Enel, *Le mystère de la vie et de la mort*, p. 177.

165. Christian Jacq, p. 37.

166. Christian Jacq, p. 39.

167. Christian Jacq, p. 98. Pour les Grecs, qui s'inspireront sans doute des Égyptiens, le défaut le plus grave de l'homme sera l'excès – *hubris*.

Agir avec justesse

Ce dont nous parlons ici est beaucoup plus une question d'intention que de performance. Il ne s'agit pas d'un geste techniquement irréprochable, réalisé selon les règles, mais d'un élan, d'un désir, d'une ferveur qui cherche à atteindre la cible, sans être amoindri de l'avoir manquée. Il s'agit de regarder dans la bonne direction. Que le cœur soit «à la bonne place». Voilà.

Les excès et le désordre étaient la terreur de tous les Égyptiens pour qui la vie était une question d'équilibre. Peuple entreprenant mais paisible, il était mieux doué pour les arts de la paix que pour ceux de la guerre[168]. Passionnément épris de vie, il passait en général une partie de celle-ci à préparer la mort. La notion du suicide lui répugnait et d'ailleurs toute la littérature stigmatise l'idée d'autodestruction. Tout est perçu et entrepris en vue de la vie, une vie qui continue et intègre la mort, une vie dans l'harmonie, la justesse et l'équilibre[169].

---

168. Il n'est pas surprenant que la civilisation égyptienne n'ait pas réussi à vaincre ses envahisseurs et qu'elle n'en ait jamais fait une priorité. Tout au long des dynasties, il y a eu quatre périodes de menaces venues de l'extérieur : vers −1100 par les «peuples de la mer»; vers −945 par les princes libyens ; vers −750 par les rois kouchites (Soudan); et de −525 à −404, où l'Égypte succombe finalement à la domination perse. Pourtant, même après les attaques et les conquêtes, l'Égypte n'a jamais perdu son âme et aucun conquérant n'a pu la lui ravir. Son art et sa sagesse sont demeurés intacts jusqu'à la fin, puisque jusqu'à l'an −50, elle a construit des temples qui sont parmi les plus beaux − Edfou, Kom Ombo, Dendérah. Certes, Alexandre a conquit la terre d'Égypte en −332, mais il n'a jamais pu «prendre» tout le reste...

169. Élisabeth Laffont, *Les livres de sagesse des pharaons*, Paris, Gallimard, 1979, p. 13.

Il ne sera pas étonnant de découvrir que la plupart des guides de bonne conduite et d'action juste qui circulaient à l'époque des pharaons ont inspiré les livres de sagesse de la Bible – Ecclésiaste, Ecclésiastique, Proverbes, Sagesse. On y trouve en effet plusieurs des principes et conseils qui ont guidé les Égyptiens pendant près de 3000 ans. Voici un exemple de cette influence:

Sagesse d'Aménémope	Proverbes
Tends l'oreille et écoute mes paroles	Tends l'oreille et écoute les paroles du sage
Et applique ton cœur à leur compréhension	Et applique ton cœur à ma science
Car c'est une chose profitable De les mettre en ton sein, Mais malheur à celui Qui les transgresse. (III, 9-12)	Car tu éprouves des délices À les garder en ton sein, À les avoir ensemble assurés sur tes lèvres. (XXII, 17-18)
Ne déplace pas la borne de limite des champs	Ne déplace pas la borne antique et n'entre pas dans le champ de l'orphelin. (XXIII, 10)
Ne sois pas avide pour une coudée de terre,	
Et n'empiète pas sur la limite de la veuve. (VII, 12-15)	

Voyons maintenant quelles instructions concrètes étaient données aux anciens Égyptiens pour les guider dans leur vie extérieure et intérieure[170].

---

170. Les livres contenant ces directives de sagesse sont les suivants: *Les maximes d'Any, La sagesse de Ptahhotep, Les avertissements d'Iouper, L'hymne à Aton, La sagesse d'Aménémopé, L'enseignement pour Mérikaré, La sagesse de Pétosiris.*

L'attention aux autres

- Traite bien les gens, autant qu'il t'appartient, c'est une qualité qui est donnée à ceux que Dieu a favorisés[171].

- Si tu as précédemment été magnanime, en pardonnant à un homme, évite-le : ne l'oblige pas à s'en souvenir[172].

- Parle avec la douceur de l'amitié et tu conserveras une paix durable[173].

- Si tu es le chef, efforce-toi d'être bienveillant[174].

- Si l'autre laisse échapper son ignorance, et s'il te donne occasion de lui faire honte, traite-le avec égard et ne le bouscule pas, ne l'écrase pas de ton savoir[175].

- Ne sois pas vain de ce tu as appris, mais converse avec l'ignorant comme avec le sage. Car aucune limite ne peut être fixée au savoir, pas plus qu'il n'est d'homme habile qui puisse tout connaître[176].

- Sache qu'il est bien que le peuple soit heureux et se réjouisse grandement[177].

- Dieu affectionne le bonheur des humbles plus que les honneurs des nobles[178].

- Sache qu'il est bon que le prince qui régente le district se réjouisse dans sa maison et qu'il fasse partout fleurir le bonheur. Car le besoin premier de l'homme est la sécurité[179].

- Tends la main au vieil homme[180].

---

171. *La sagesse de Ptahhotep*, Laffont, p. 134.

172. *Livre de Ptahhotep*, cité par Enel, *Animaux du Nil*, p. 164.

173. *Les maximes d'Any*, Laffont, p. 152.

174. *Livre de Ptahhotep*, cité par Enel, *id.*, p. 164.

175. *Les maximes d'Any*, Laffont, p. 49.

176. *Livre de Ptahhotep*, cité par Enel, *id.*, p. 164.

177. *Les avertissements d'Iouper*, Laffont, p. 135.

178. *La sagesse d'Aménémopé*, Laffont, p. 135.

179. *Id.*, p. 89.

180. *Id.*, p. 135.

- N'oublie jamais que l'étranger est ton frère[181].

- Sache que pour un cœur blessé les douces paroles sont comme l'eau que l'on offre à l'altéré, car un homme peut être abaissé, comme il peut être relevé, par l'action de la langue[182].

- Ne tourmente pas le nain, ne caricature pas l'estropié. Ne tracasse personne, car tous sont dans la main de Dieu. Que ton maintien ne soit pas cruel à leur égard, même s'ils ont transgressé l'ordre établi[183].

L'honneur dû à la femme

- Si tu es sage, garde ta maison, aime ta femme sans mélange. Remplis son ventre, habille son dos, caresse-la : ce sont les soins à donner à son corps ; comble ses désirs tout le temps de ton existence, c'est un bien qui fait honneur au maître de maison. Ne sois pas brutal, les ménagements conduisent mieux ta femme que la force. Son bien-être et son bonheur, voilà ce à quoi elle aspire, voilà où elle vise dans son cœur, voilà ce qu'elle regarde. Sache que c'est ce qui la fixe dans la maison, car si tu la repousses c'est pour elle un abîme. Ouvre-lui grand les bras pour qu'elle s'y blottisse, appelle-la et marque-lui ton amour[184].

- Si tu prends femme, qu'elle soit contente plus qu'aucune autre au monde. Elle te sera attachée doublement, si la chaîne lui est douce. Ne la repousse pas, accorde-lui tout ce qui lui plaît, c'est à son contentement qu'elle appréciera ta direction[185].

- C'est moi qui t'ai donné ta mère, mais c'est elle qui t'a porté, et en te portant elle a eu bien des peines à souffrir, et elle ne s'en est pas déchargée sur moi. Tu es né après des mois de grossesse et elle t'a porté comme un véritable joug. Sa mamelle

181. *Ibid.*
182. *Id.*, p. 126.
183. *Id.*, p. 134.
184. *La sagesse de Ptahhotep*, Laffont, p. 24.
185. *Id.*, p. 50.

dans ta bouche, pendant trois années, tu as pris de la force et la répugnance de tes malpropretés ne l'a pas dégoûtée. [...] Tu es arrivé à l'âge adulte, tu t'es marié, tu as fondé un ménage, ne perds jamais de vue l'enfantement douloureux que tu as coûté à ta mère[186].

Le respect du bien d'autrui

- Ne prends pas de force les biens qui sont à côté de toi[187].

- Ne convoite pas les biens d'autrui[188].

- Garde-toi bien de placer ton désir dans le bien d'autrui. Travaille pour toi-même et ne compte pas sur le bien du voisin[189].

- Que ton cœur ne coure pas après la richesse. Ne t'épuise pas à en vouloir davantage, quand tes besoins sont déjà assurés[190].

La droiture du cœur

- Combien est heureux celui qui atteint l'au-delà sain et sauf, cela prouve qu'il est dans la main de Dieu[191].

- La vie sur terre passe rapidement, heureux celui qui est sans péché, car un million d'hommes ne peuvent servir à rien au

186. *Les maximes d'Any,* Laffont, p. 153-154.
187. *Sagesse de Ptahhotep,* Laffont, p. 49.
188. *La sagesse d'Aménémopé,* Laffont, p. 127.
189. *Les maximes d'Any,* Laffont, p. 149. On reconnaît ici les «commandements» que Moïse a donnés à son peuple. On voit aussi que ces directives viennent des hommes, des hommes qui respectent le divin et qui jamais n'auraient pensé un seul instant que c'est Amon qui dictait ces paroles. Au plus, celui-ci les inspirait. Mais ce sont ici les hommes qui décidaient et prenaient leurs responsabilités. Par conséquent, les «commandements» que Moïse prétendait avoir reçus de Dieu en main propre, étaient en fait reçus de l'Égypte!
190. *L'hymne à Aton,* cité par Enel, *id.,* p. 168.
191. *La sagesse d'Aménémopé,* Laffont, p. 133.

maître des deux terres, lorsqu'il paraîtra en pécheur dans l'au-delà[192].

- Inscription sur la pierre d'un tombeau (−2200): «La droiture d'un homme est son monument.[193]»

- La vertu est pour l'éternité. Elle descend dans la tombe avec celui qui la pratique[194].

- Pratique la justice aussi longtemps que tu seras sur terre, réconforte ceux qui pleurent, n'opprime pas la veuve et l'orphelin[195], ne frustre pas un homme du bien de son père. Prends garde de punir injustement[196].

- Meilleur est le pain mangé avec la joie du cœur que la richesse dans la vexation[197].

- Ne te réjouis pas plus de ta richesse que tu ne dois gémir sur ta pauvreté[198].

La maîtrise de soi et l'équilibre

- C'est un tort de s'emporter avec ses voisins jusqu'à ne savoir plus conduire ses paroles[199].

- Cherche toujours à garder le silence[200].

- Que tes pensées ne soient ni hautaines ni humbles[201].

---

192. *L'enseignement pour Mérikaré*, Laffont, p. 167.

193. Cité par Enel, *ibid.*

194. *L'enseignement pour Mérikaré*, cité par Enel, *ibid.*

195. Expression qui revient souvent sous la plume des prophètes et des sages de la Bible.

196. *L'enseignement pour Mérikaré*, cité par Enel, *ibid.*

197. *La sagesse d'Aménémopé*, Laffont, p. 136.

198. *Ibid.*

199. *La sagesse de Ptahhotep*, Laffont, p. 150.

200. *Les maximes d'Any*, Laffont, p. 158.

201. *Ibid.* On remarquera que plusieurs de ces sentences ont pu inspirer des stoïciens tels que Marc-Aurèle.

- L'homme doux pénètre les obstacles[202].

- Ne dévoile pas ton âme à tout le monde... Car meilleure est la discrétion pour l'homme[203].

- Sache qu'il n'est pas honteux d'être indigent. Compose donc ton visage au milieu même du trouble, pour que la paix soit avec ta personne lorsque l'agitation est au plus profond de toi[204].

- Que l'amour que tu ressens passe dans le cœur de ceux qui t'aiment, fais que les gens soient aimants et obéissants[205].

- Que ton visage soit épanoui le temps de ton existence[206].

- Le cœur est le maître absolu de l'homme[207].

- Tiens ta langue éloignée des mauvaises paroles et tu seras aimé des hommes[208].

- Il est mauvais de juger une affaire en ne tenant pas compte nécessairement des deux parties, car il faut savoir démêler ce que l'homme tient caché et que sa langue rapporte sur l'instant[209].

La relation avec l'invisible

- Honore Dieu invisible sur ton chemin[210].

- Agis pour Dieu[211].

---

202. *La sagesse de Ptahhotep*, Laffont, p. 47. Cette sagesse s'apparente au taoïsme.

203. *La sagesse d'Aménémopé*, Laffont, p. 132.

204. *Id.*, p. 129. Conseil fréquent chez les stoïciens : Sénèque, Épictète et Marc-Aurèle.

205. *La sagesse de Ptahhotep*, Laffont, p. 48.

206. *Id.*, p. 51.

207. *Ibid.* Remarquez qu'on ne dit pas l'« intellect » mais le « cœur ».

208. *La sagesse d'Aménémopé*, Laffont, p. 125.

209. *Ibid.*

210. *L'enseignement pour Mérikaré*, Laffont, p. 73. Beaucoup plus sage que le premier commandement de Moïse.

211. *Ibid.*

- C'est un béni, celui que son cœur dirige vers la voie de vie[212].

- Ce sont les manifestations bruyantes que Dieu a en horreur. Prie humblement avec un cœur aimant, que toutes tes paroles soient dites en secret. Alors Dieu écoutera ta parole[213].

- Si tu as marché dans les voies de Dieu, il te gratifiera de ses faveurs après la mort[214].

- Celui qui a dans l'âme le grand amour de Dieu, grande est sa félicité sur terre[215].

- Donne-toi à Dieu continuellement et que demain soit comme aujourd'hui[216].

- Si je suis arrivé à la ville d'éternité, c'est que j'ai fait le bien sur terre, et que mon cœur s'est complu dans le chemin de Dieu. Depuis mon enfance jusqu'à ce jour, toute la nuit l'esprit de Dieu était dans mon âme et dès l'aube je faisais ce qu'il aimait[217].

212. *La sagesse de Pétosiris*, Laffont, p. 168.
213. *Les maximes d'Any*, Laffont., p. 145. On reconnaît ici une parole que prononcera Jésus 1300 ans plus tard.
214. *La sagesse de Pétosiris*, Laffont, p. 170.
215. *La sagesse de Pétosiris*, Laffont, p. 168. On reconnaît ici l'Évangile à venir.
216. *Les maximes d'Any*, Laffont, p. 156.
217. *La sagesse de Pétosiris*, Laffont, p. 169.

Troisième partie

Le commencement naît de la fin

Chapitre 7

La vie qui ne s'arrête pas

Le départ est comme le retour.

Textes des pyramides (n° 58)

Ce livre ayant commencé avec la vision que l'Égypte avait autrefois de la vie et de la mort, il convient, pour boucler la boucle, de se rappeler ici son enseignement essentiel transmis dans les temples de l'époque. Or, c'est à nous qui vivons aujourd'hui que s'adresse l'ancien Égyptien qui écrit le texte suivant, à nous qui avons perdu le sens de la destinée spirituelle de l'homme : « Lisez, ô enfants de l'avenir, et apprenez les secrets de ce passé qui pour vous est si lointain, mais qui est cependant si proche ! Notre religion nous enseigne que nous vivons éternellement. Or, l'éternité, n'ayant point de fin, ne peut avoir non plus de commencement : c'est un cercle. C'est pourquoi, si nous vivons à jamais, nous avons toujours vécu. Notre foi nous enseigne que la vie ne se termine pas avec la mort, et que, par conséquent, l'amour, étant l'âme de la vie, doit nécessairement durer aussi longtemps que dure la vie[218]... »

---

218. Papyrus d'Anana, écrit par le vizir du pharaon Séti II vers −1320, cité par Thierry Enel, *Le mystère de la vie et de la mort d'après l'enseignement des temples de l'ancienne Égypte*, Paris, Éditions Maisonneuve et Larose, 1985.

Il faut se rappeler que c'est à travers les aspects les plus concrets de la vie que les anciens Égyptiens ressentaient ce vivant amour. Le dieu caché, Amon, était présent dans l'ensemble des êtres et des événements. Tout rappelait sa présence, sa sollicitude, sa générosité. Tout parlait de lui – sa révélation était inscrite dans la verdure, le bleu du ciel, les étoiles, les animaux et, bien sûr, dans le cœur de l'homme. Mais c'est la lumière qui le manifestait avec le plus d'éclat et d'évidence.

En effet, comme nous l'avons vu au cours de ce livre, « l'Égyptien voyait la confirmation de sa croyance en la vie éternelle dans les phénomènes de la nature qui l'entourait. Le coucher du soleil à l'occident était pour lui l'image de la mort. Mais il savait que ce coucher n'était pas la mort définitive du soleil, qu'il n'était qu'un repos lui permettant de recouvrer des forces pour sa résurrection du lendemain. La nuit était le symbole de cette idée[219].

L'Égypte voyait également une confirmation de sa croyance dans l'ensevelissement de la semence, qui « s'unissait à la terre » ou, en d'autres termes, devait être enterrée afin de donner naissance à une nouvelle manifestation de la vie : la plante avec ses fleurs et sa nouvelle semence.

Chez l'animal, le mystère de la vie s'accomplissait dans l'œuf, dans cet état de préparation et de formation, en vue de l'existence individuelle. C'était un temps d'immobilité, une vie cachée, mais qui en réalité était pleine d'activité[220].

L'Égyptien admettait l'idée de résurrection comme un fait. Toute sa religion était basée sur la croyance en l'éternité de la vie, et en la résurrection qui suivait immédiatement la mort. Il ne concevait aucun doute à cet égard. Son esprit était plus simple, plus frais que le nôtre, plus proche de la nature qui, dans ses plus petites manifestations, donne la preuve évidente de cette grande loi[221].

---

219. Enel, *Le mystère de la vie et de la mort*, p. 12.
220. *Ibid.*
221. *Id.*, p. 14.

Notre foi n'a rien de comparable à celle de l'ancien Égyptien... Il croyait sans le moindre doute parce qu'il savait que les choses étaient ainsi et ne pouvaient être autrement. [...] Il ne voyait donc en la mort qu'une transformation, non une fin. Et comme on l'a vu, cette transformation était symbolisée à ses yeux par le soleil, par la semence, mais aussi par le scarabée. Une fois que cet insecte avait enfoui sous le sable chaud la boule de crottin contenant ses œufs, il attendait la nouvelle vie qui allait sortir du sable vers la lumière. C'est pourquoi les Égyptiens décoraient leurs temples et leurs tombeaux du scarabée sacré tenant entre ses pattes de devant un disque solaire rouge qu'il enfouissait dans le sable (symbolisant le coucher du soleil) ou l'en tirait (c'était son lever)[222].

Voici un chant composé par un harpiste égyptien célébrant la mort comme une libération :

« La mort est devant moi aujourd'hui
Comme le rétablissement du malade,
Comme une sortie au jardin après la maladie.
La mort est devant moi aujourd'hui
Comme un ciel qui s'éclairerait
Comme un homme part à la chasse en quête d'inconnu
La mort est devant moi aujourd'hui
Comme un homme désire revoir sa maison natale
Quand il a passé de nombreuses années en captivité[223]. »

---

222. *Id.*, p. 15.
223. La semence retournait à la mère terre. Car l'Égypte ancienne concevait la mort comme « le retour entre les bras de sa mère » – le retour à la source. En effet, dans la langue des hiéroglyphes, les mots « mère » et « mort » s'écrivaient de façon identique, par les mêmes caractères MT. Dans Christian Jacq, *Le voyage de l'autre monde selon l'Égypte ancienne*, p. 104.

La semence

Laissez-moi maintenant vous raconter l'histoire de la semence.

Un bon matin de printemps, le semeur descend vers son jardin, une semence à la main. Il creuse un trou dans la terre, y dépose le petit grain et lui donne un peu d'eau. Puis, il attend. Longuement, patiemment, il attend. Son attente remplit même ses journées, au point de devenir son activité principale. En même temps, cette attente le réjouit et le comble comme un rêve réalisé. C'est la vie qui renaît!

Il se rend bien sûr compte que ce qu'il vient de faire, c'est d'assister à un enterrement. Mais celui-ci est complètement différent des autres qu'il a connus par le passé: c'est un événement joyeux, comme la promesse d'une grande beauté, le début d'une nouvelle aventure! Car le semeur sait très bien qu'un petit grain peut contenir dans son cœur toute une forêt! Alors, quoi de plus réjouissant que d'enterrer une semence pour lui permettre de livrer tout le bonheur qu'elle contient?

C'est ainsi qu'un bon matin, la semence ayant quitté la lumière pénètre dans le silence et l'invisible. On dirait même qu'elle fait la morte, comme si elle devait être complètement oubliée. Pour elle aussi, l'attente est devenue l'activité principale. Car c'est ici que l'énergie travaille en sourdine, nourrissant et engraissant le petit grain en vue d'un grand événement. Son travail de fermentation fait pression sur son enveloppe, qui est sur le point d'éclater. Puis, les digues rompues, la vie cachée explose et se répand. Bientôt, elle apparaît au grand jour sous une multitude de formes – la rose, la fraise, la pomme de terre, l'érable, la fougère et l'épi de blé.

Eh bien, c'est un trajet semblable que suit l'âme. Elle s'incarne, c'est-à-dire qu'elle s'enferme dans un corps, pour vivre dans la nuit comme un animal en hibernation. Car elle est une semence, et son enterrement c'est son incarnation. Apparemment absente, elle travaille dans l'ombre, apprenant à vivre à travers un corps humain, l'inspirant, le secouant, l'instruisant de nuit pour ainsi dire. Elle sait très bien que le corps est son enveloppe, son instrument, son masque devant le monde: ce n'est pas ce qu'elle est, mais ce qu'elle revêt.

Elle sait aussi que c'est à travers ce corps opaque qu'elle finira par s'éveiller à sa propre lumière, à sa dimension de toujours. Elle aura compris que son apprentissage est une période d'inconscience, de tâtonnement et de résistance. Un temps d'oubli, un moment d'effacement. Mais elle devait y passer pour se retrouver, oubliant ce qu'elle est depuis toujours – le bonheur dans la lumière et toutes ces semailles d'antan – afin de ne retenir que les leçons du passé.

Et un jour, quand les temps mûrs sont de nouveau revenus, la semence contenue dans l'épi, dans la fougère et dans la rose, va tomber en terre et, à travers l'oubli et la nuit, refaire son chemin vers la lumière. Ainsi, de corps en corps, de fleur en fleur, de semence en semence, la lumière se répand à travers les êtres comme un frémissement d'étoiles.

* * *

Maintenant, la prochaine fois que vous irez à l'enterrement d'un être cher, souvenez-vous que ce qui est alors célébré c'est toujours la vie, celle qui ne s'arrête jamais. La vie qui se cache dans le corps en attendant de déployer ses ailes dans la lumière. Car il faut bien qu'un jour la semence meure pour que naisse le printemps!

Un temps de purification

Tu es parti, tu reviendras.
Textes des pyramides, n° 57

Plusieurs traditions connaissent l'existence d'une destruction par l'eau et le feu, suivie d'un nouveau commencement.

- **Les Sumériens (–4500):** le dieu Enlil punit les hommes en leur envoyant un énorme déluge; les rescapés sont la famille et les animaux d'un sage, Atrahensis – le modèle du futur Noé sémitique[224];

---

224. Arthur Cotterell, *Encyclopédie illustrée des mythes et légendes du monde*, Paris, Éditions Solar, 1990, p. 16.

- **Les Purana de l'Inde:** Manu (–3000), l'équivalent de Noé chez les Juifs et d'Utnapishtim chez les Babyloniens, est sauvé du désastre avec des réfugiés dans un vaisseau spatial et recommence la nouvelle race; à chaque destruction du monde, un nouveau Manu apparaît pour fonder une nouvelle humanité[225];

- **Les Sémites (–2000):** Noé, représentant la nouvelle race, est sauvé des eaux ainsi que le peuple animal (représentant une nouvelle lignée évolutive) avec lequel il va recommencer le monde[226];

- **Le Rig-Veda de l'Inde (vers –1500):** on parle des ancêtres venus de la mer après être sauvés d'une grande inondation[227];

- **Les Hawaïens:** le dieu importuné par les humains déclenche un terrible déluge pour les éliminer; seul le pieux Nu'u (une copie de Noé) y échappe;

- **Les Amérindiens:** les tribus Kutenai, Okanagan, Cherokee et Uter parlent de séismes violents suivis d'inondations; les Haïdas (Nord-Ouest canadien) mentionnent une sorte d'arche de Noé, sauvée d'un déluge, dans un récit évoquant celui des Sumériens[228];

- **Héraclite (–540), philosophe grec** (dans *Fragments* 26 B, 66 D): le monde est inondé par l'eau et consumé par le feu; une idée qui domine la pensée de Zénon et des stoïciens, sous la forme de l'*ekpyrosis*, c'est-à-dire la «conflagration universelle»[229].

La fin prévue

Les annonces d'une fin du monde prochaine font partie des vieilles traditions et se trouvent confirmées par certains de nos contemporains. Cependant, il faut se rappeler que dans la sagesse universelle, ces fins sont toujours inséparables d'un renouveau.

- **Les Puranas de l'Inde:** la queue du dernier âge (*kali yuga*), dans lequel nous sommes présentement, commence en 1939 précisément et entraîne avec elle la dégradation morale et les cataclysmes naturels annonçant la fin d'un temps;

---

225. Tiré de David Frawley, *in* Wilson, *op. cit.*, p. 227, et d'Alain Daniélou, *op. cit.*, p. 120.

226. La Bible.

227. David Frawley, *in* Wilson, *id.*, p. 227.

228. Mircéa Éliade, *Le mythe de l'éternel retour*, Paris, Gallimard, 1949, p. 105.

229. Dans Éliade, *ibid.*

- **Les Mayas :** la fin a lieu le 22 décembre 2012[230] ;
- **Les Aztèques :** le début de la civilisation se situant vers −20 238, la fin arrivera le 24 décembre 2012[231] ;
- **Graham Hancock :** vers 2030[232] ;
- **Ned Dougherty :** avant 2034 (voir la rubrique suivante) ;
- **Une amie clairvoyante :** 2011 ;
- **Imhotep** (contacté à travers la médium) : vers 2015.

Le message de Ned

Le témoignage de Ned Dougherty (prononcé *Dorté*) est très important pour aujourd'hui : son expérience résume bien la transformation qui est commencée dans les consciences du monde actuel. Mais son témoignage est important d'un autre point de vue. Il montre que les Égyptiens avaient raison : le sens d'une vie ne se trouve que dans l'ouverture à sa dimension éternelle, et la paix mondiale ne peut advenir que dans l'accord avec les lois divines exprimées dans la nature et dans le cœur de l'homme.

En effet, sorti d'une déchéance morale qu'il a vécue à fond, cet homme renaît de nouveau à la vraie vie, transformé, lumineux, pleinement conscient de sa mission. Il est passé de la nuit à la lumière, comme la nouvelle humanité est sur le point de le faire. Mais qui donc est cet homme ? Voici sa fiche.

1984. Ned Dougherty, 38 ans, Américain de descendance irlandaise. Milliardaire. Noceur. Alcoolique. Cocaïnomane. Propriétaire de deux discothèques, plusieurs maisons, un jet privé, un hydravion, des limousines avec chauffeur. Colère contre son associé : tente de le tuer. Empêché par une force mystérieuse. Tombe mort

---

230. Arthur Cotterell, *The Mayan Prophecies, in* Wilson, *op.cit.*, p. 220.
231. Wilson, *id.,* p. 128.
232. *Id.,* p. 220.

sur le trottoir. Se voit flotter hors de son corps, emmené en ambulance. Premier réflexe: chercher sa montre (une Rolex sertie de diamants). Introuvable – comme son corps. Passe dans une noirceur de plus en plus engloutissante. Vit là un isolement absolu. Se sent écrasé par la terreur du néant[233].

Et voici maintenant le récit qu'il fait de ce dernier épisode: « À l'instant où mon corps sans vie frappe le trottoir, je continuais de tomber consciemment sans corps physique, comme si j'avais traversé le trottoir et que je tombais dans un puits abandonné. Je regardais en haut vers un rayon de lumière que je voyais comme le trou dans le trottoir. Comme je continuais de tomber de plus en plus vite, le rayon se rapetissait jusqu'à disparaître finalement. Je coulais au fond d'un puits d'élévateur ou dans une caverne, et c'était totalement noir. À mesure que je tombais, je me rendais compte que ce n'était pas mon corps physique qui tombait dans ce néant noir. Je restais parfaitement conscient. J'étais simplement un état de conscience sans forme physique. C'était moi comme être conscient qui tombais. Je n'étais pas troublé d'être sans corps, mais je l'étais de me voir ainsi tomber sans arrêt.

Quand ma descente s'est ralentie, je me sentis flotter dans un trou d'une noirceur épaisse et sans fond. J'étais seul, suspendu dans le vide et le néant. N'ayant pas de corps, je n'avais aucun moyen de m'agripper ou de tâter l'espace. J'étais emprisonné dans un état conscient, sans pouvoir en sortir... Je perdais ma capacité de penser. J'étais seul, il n'y avait personne vers qui me tourner. Je pensais: "Vers qui puis-je me tourner maintenant?" De façon inexplicable, je pensais à quelqu'un qui était depuis longtemps sorti de ma vie: Dieu.

Soudain, un nouvel éclair de conscience: je sentais que le rayon de lumière qui était disparu émanait de Dieu. Avec cette pensée, je devins conscient que je faisais appel à un état de connaissance qui dormait depuis longtemps... Je me sentais le plus loin que l'on puisse être de Dieu et cependant je continuais d'exister. Je savais instinctivement dans quelle direction je voulais aller, c'était vers la lumière. Je sentais que si je tombais davantage, je

---

233. Tiré de Pierre Jovanovic, dans *La revue de l'au-delà*, mai 2004, p. 10.

cesserais d'exister. Ma capacité de penser était réduite à zéro. L'endroit devenait plus étouffant et opprimant[234].

Je répétais la seule pensée que je pouvais émettre : "Je suis... je suis... je suis." Je la répétais afin de survivre[235]. »

Ned se voit ensuite accompagné d'un ami tué au Vietnam. Ensemble, ils traversent un tunnel débouchant sur la lumière. Ils se trouvent devant un immense amphithéâtre suspendu dans les étoiles et rempli d'êtres de lumière qui lui transmettent de l'amour. Ned comprend que sa vie va défiler devant lui, au vu et au su de tous. Il se voit enfant et ado, identifié à son père, qui était un alcoolique obsédé par un échec passé qu'il rumine sans resse. Ned se voit sombrer lui aussi dans l'alcoolisme afin de devenir comme son héros. Dans la lumière où il se trouve, il reconnaît maintenant qu'il a manqué le virage. Mais on ne le juge pas, on lui montre simplement sa nouvelle vie et sa mission, l'encourageant et le félicitant de son merveilleux travail[236] !

Dans l'amphithéâtre

Ned a l'immense avantage d'avoir vu ce monde-ci à partir de l'Autre. Voici ce qu'il en dit: «Je vis que la terre s'était mise à branler sur son axe. Je ne peux dire combien de temps ce mouvement va durer, et on ne m'a pas mentionné la date où cela se produirait.

---

234. Cet épisode montre que l'âme de Ned, comme celle de toute personne ayant quitté le corps, peut penser, voir, percevoir des mouvements, ressentir des émotions – comme plus tard dans le récit, elle entendra et touchera des objets. (Il nous rappelle aussi qu'il n'y a pas de mort, pas plus pour les suicidés que les autres.) Les activités de l'âme sans corps sont connues depuis longtemps. Je les ai consignées et illustrées dans mon livre *Un pays d'après* (Éditions Quebecor, 2003). Quand on dit qu'on ne meurt pas, cela signifie que tout survit sauf le corps, qui n'est pas ce qui voit ou ressent: il ne fait que recevoir, à travers le filtre des sens, les sensations qu'il transmet ensuite à la conscience. Car c'est celle-ci qui sent, voit et... vit.

235. Résumé de Ned Dougherty, *Fast Lane For Heaven*, ma traduction, p. 13-14.

236. Résumé de «Rencontre avec Pierre Jovanovic», dans *La revue de l'au-delà*, n° 80, mai 2004, p. 10-14. Dans l'au-delà, comme il n'y a pas de temps, on voit tout se passer au présent. C'est pourquoi, voyant la mission qu'il allait accomplir, les êtres de lumière le félicitent déjà.

Je sentais que des changements à la surface de la terre allaient suivre cet ébranlement. Des séismes éclateraient partout dans le monde, changeant le visage des principaux continents. Il y avait de violentes éruptions volcaniques crachant des nuages de cendre à travers l'atmosphère et engloutissant la terre dans une longue noirceur. De grandes inondations suivaient la fonte et la dérive des calottes polaires. Plusieurs terrains étaient engloutis par de très hautes marées... À partir d'une côte près de New York, je voyais des marées, vague sur vague, inonder le littoral. Suspendu dans une rue qui y menait, j'ai vu les deux tours de New York tomber dans la fumée et le feu[237]. À un autre moment, j'ai vu des gratte-ciel s'écrouler comme des quilles sous l'impact de vagues de 20 étages. Toute la côte est était disparue[238]. »

Voir la vision qu'a eue Edgar Cayce, un grand voyant, le 3 mars 1936 et qui évoque un peu celle de Dougherty : «J'étais né de nouveau en l'an 2100 au Nebraska (au milieu des États-Unis). La mer qui recouvrait la partie ouest du pays, touchait cet État. En bas âge, je déclarais être Edgar Cayce qui avait vécu 200 ans auparavant. Des savants à longue barbe m'observaient et décidaient de visiter les villes où j'avais vécu... Ils voyageaient dans un vaisseau métallique long et en forme de cigare qui se déplaçait très vite. L'eau recouvrait une partie de l'Alabama. New York avait été engloutie.[239] »

---

237. Ned Dougherty publie son livre en mars 2001, six mois avant la chute des deux tours, mais la presse, les dirigeants et même la population américaine n'ont guère réagi : on ne veut pas reconnaître qu'on s'est trompé à ce point et que l'Amérique est en train de couler à pic.

238. *Fast Lane for Heaven: A Life-After-Death Journey,* Charlottesville, VA, Hampton Roads Publishing Co., 2001, p. 78, ma traduction.

239. W. H. Church, *Les retours d'Edgar Cayce,* Boucherville, Éditions de Mortagne, 1988, p. 287.

Le terrible message de l'ange

Lors de sa deuxième mort apparente, Ned reçoit un message très dur, adressé par l'archange Michel à l'Amérique. En voici quelques extraits.

« Vos ancêtres ont créé une nation placée sous Dieu, avec la liberté et la justice pour tous. C'étaient des hommes avec des grands idéaux, spirituellement guidés et inspirés à créer une nation et une civilisation qui sera admirée et respectée, et qui donnera l'exemple au reste du monde. [...] Pourtant, ces hommes spirituels aux idéaux élevés ont été rapidement remplacés par d'autres qui, grâce au libre arbitre, ont choisi de privilégier leur ego, plutôt que Dieu, et de combattre le plan divin.

« Vous êtes devenus une nation d'exploiteurs, homme contre homme, frère contre frère, gouvernement contre citoyens, et la nation choisie est devenue un guerrier avec et contre d'autres nations. Vous êtes devenus une nation de criminels et de meurtriers. Vous assassinez dans les guerres. Vous tuez l'innocent. Vous tuez vos enfants. Vos dirigeants créent des lois pour justifier les meurtres, pour faire croire que ce qui est mauvais est juste, pour réécrire la morale et l'éthique afin de donner une légitimité à vos avidités et désirs terrestres.

« Vous êtes devenus une nation qui s'éloigne de plus en plus de l'esprit et de l'influence de Dieu. Vous avez créé des sciences et des philosophies pour encourager des activités qui ne reconnaissent que les réalités terrestres qui non seulement refusent de reconnaître la nature spirituelle de l'homme lui-même, mais qui refusent aussi de reconnaître l'existence de Dieu.

« Vous avez fait tout votre possible pour renier Son existence, et vous vous retrouvez dans un monde rempli de guerres, de haine, de famine et de mort, et vous ne comprenez pas pourquoi le reste du monde ne veut pas suivre votre brillant exemple.

« Vous êtes une nation en guerre avec elle-même, emplie de haine, de préjugés, de crime, de drogue et de meurtre. Pourtant, les rares d'entre vous qui demandent à Dieu pourquoi toutes ces choses se passent, vous n'entendez pas Sa réponse. [...]

« Pourtant, Dieu a créé une nation aux grands idéaux afin que vous puissiez survivre à d'autres empires et civilisations tombés dans l'oubli, car leurs dirigeants se sont crus au-dessus de Dieu, et maintenant ces empires et civilisations ne sont plus qu'amas de poussière ou noyés sous les eaux. Vous êtes à l'aube d'une nouvelle période, et vous vous apprêtez, comme toutes les grandes civilisations du passé, à être réduits en un amas de cendres ou à être recouverts par les eaux.

« Mais une fois de plus, Dieu vient à vous pour vous supplier en tant que peuple, pour vous supplier en tant que nation, pour supplier vos dirigeants. Son armée d'anges vous visite avec une force d'énergie vitale, une énergie spirituelle émise par le Créateur à l'ensemble de l'humanité...

« Il ne reste plus beaucoup de temps! Les anges arrivent! Est-ce que vous les entendez? Est-ce que vous écoutez[240] »?

La débandade

C'est Ned qui parle maintenant : « La plus grande menace à la paix mondiale viendra de la Chine, qui se prépare pour une guerre avec l'idée de dominer le monde en se dotant de la plus grande des armées. Tout en prétendant contrôler la population, la Chine a exterminé systématiquement les fœtus de fillettes en faveur des mâles, afin de pouvoir se bâtir une armée capable d'envahir le monde. On m'a dit : "Priez pour la conversion spirituelle de la Chine : son retour vers Dieu est nécessaire pour le salut du monde."

« Les institutions bancaires vont faire banqueroute, du fait que les compagnies d'assurances ne pourront plus compenser les victimes des désastres naturels. L'Amérique tombera dans un chaos économique, social et politique. Comme le gouvernement américain ne pourra honorer ses obligations financières, à cause d'une dette énorme, en plus de la destruction de bases militaires due aux désastres naturels, il ne pourra déclarer la guerre ou se défendre,

---

240. Ned Dougherty, *Voie express pour le paradis,* Paris, Le jardin des livres, 2004, p. 138-139.

devenant vulnérable à l'invasion d'armées étrangères, particulièrement à "l'armée de 2 cents millions" de la Chine[241].»

«L'évolution de la terre est directement affectée par l'évolution spirituelle de l'humanité. Les événements géophysiques sont liés aux guerres, au matérialisme.... Les chercheurs essaient de trouver des raisons scientifiques pour expliquer la fonte des glaciers et l'élévation du niveau de l'océan. [...] Mais nous affectons la terre par nos guerres, notre violence et notre pollution[242]».

Ned Dougherty n'est pas seul à prédire un temps de purification. La grande pionnière des études sur la mort et l'au-delà, Elisabeth Kübler-Ross, avait plusieurs fois annoncé ce qui est en train de nous arriver : «La terre traverse une période de grande vulnérabilité. Elle est "violentée" depuis trop longtemps sans que l'on prenne en compte les graves conséquences de nos comportements. [...] Je crois que la terre va bientôt corriger ces méfaits. À cause des actions passées de l'humanité, il y aura de terribles tremblements de terre, des inondations, des éruptions volcaniques et d'autres catastrophes naturelles sur une échelle inconnue jusque-là. Cela, je le sais. Mes guides m'ont annoncé des bouleversements aux proportions bibliques. N'est-ce pas le seul moyen de réveiller l'humanité ? Quoi d'autre pourrait enseigner le respect de la nature et la nécessité de l'évolution spirituelle ?[243] »

241. *Fast Lane for Heaven*, p. 253.
242. *La revue de l'au-delà,* n° 80, déc. 2004, p. 10-14.
243. Elisabeth Kübler-Ross, *Mémoires de vie, mémoires d'éternité*, Paris, J.-C. Lattès, 1997, p. 359.

Une nouvelle terre[244]

Je sais que mon âme est éternelle.

Ned Dougherty

« La purification est nécessaire. Mais elle n'est pas une fin en soi. Elle n'est pas non plus une punition, mais un effet spontané des actes désordonnés des hommes. Comme toute épreuve dans la vie d'un individu, la peine n'est que l'occasion d'un apprentissage menant vers une transformation, une nouvelle naissance. Ainsi, la purification qui est commencée n'existe qu'en vue d'une nouvelle vie, d'une nouvelle terre, d'une nouvelle humanité.

« Quand j'étais dans l'amphithéâtre, la Dame de Lumière (qu'il prenait pour Marie, vu qu'il était né catholique) m'a montré ce qui se passerait après la grande purification. Je reconnaissais que « les temps de la fin » ne signifiaient pas « la fin du monde », mais la fin du monde tel que nous le connaissons. Et cela signifiait aussi le commencement d'un nouveau monde[245].

« J'ai senti que j'étais un avec la nature, et que tout était d'une énergie faite pour être partagée. De plus, le ciel était plus brillant et d'une couleur différente. À cause du changement de la terre, j'ai vu que la nature était maintenant en harmonie avec le plan divin et que l'influence de Dieu sur terre pouvait être reconnue si on observait tout ce qui se passait dans la nature[246]. »

Le plan de Dieu

« Selon le plan divin, il était prévu qu'une force vitale rayonnerait partout dans le monde. Je savais que dans ce plan il était prévu que la lumière de Dieu se répandrait sur toute la planète à une date ultérieure, de sorte que toute l'humanité pourrait reconnaître l'existence de Dieu sur la terre.

---

244. Même dans l'*Apocalypse de Jean*, on prévoit « un ciel nouveau et une terre nouvelle ».

245. Comme il est en dehors du temps au moment où il voit tout ce qui va arriver, Ned réagit déjà comme quelqu'un qui se trouve dans l'ère nouvelle.

246. Comme faisaient naguère les Égyptiens !

«Ça a toujours été notre but, à travers le temps et l'histoire, qu'en tant qu'individus et en tant que société, nous entrions en unité avec Dieu. Le plan de Dieu est très simple: Aimer Dieu! S'aimer soi-même! Aimer les autres! Servir nos frères et notre communauté.

«J'ai vu que dans la nouvelle humanité, l'acte de mourir n'est plus perçu avec tristesse et peur. Dans cette nouvelle époque, la mort est acceptée et reconnue pour ce qu'elle est: le passage entre le voyage de l'âme sur terre et la vie spirituelle qui suit. C'était une des nombreuses transformations qui distingueraient ce nouveau monde du précédent.

«Le plan de Dieu prévoit un éveil spirituel de la famille humaine. Il s'agit d'un renouvellement mondial qui sera vécu par chacun. Chaque âme connaîtra par expérience la réalité de Dieu. Ceux qui vivent dans sa lumière vont continuer de grandir spirituellement. Et ceux qui vivent dans les ténèbres se détourneront de la lumière et tomberont encore plus bas dans les profondeurs de la nuit[247].»

La communion universelle

«Toutes les vies forment une tapisserie dorée: elles sont toutes interconnnectées. La mission qui m'a été donnée, je l'ai reçue dans cette autre réalité spirituelle, bien avant ma naissance. Ce n'est pas pour autant que je suis spécial, car nous avons tous une mission spécifique à remplir dans la vie. J'ai dû mourir deux fois pour que la mienne puisse s'accomplir correctement.

«Le plus important est notre liberté de choisir. Si nous n'étions pas venus ici-bas dans un corps physique, nous n'aurions pas l'expérience de cet apprentissage. Si nous restions dans le monde de la lumière, nous serions tous les mêmes, sans personnalité, sans expérience différente et on s'ennuierait...

«Je ne fais que suivre l'inspiration et les intuitions qui m'arrivent. Auparavant, je contrôlais tout ce que je faisais. Maintenant, quand je me réveille le matin, je pourrais dire que ma journée est

---

247. *Fast Lane for Heaven*, p. 83-85, ma traduction.

pratiquement dirigée par l'autre côté. Je suis comme un astronaute dans l'espace qui reçoit des ordres de Houston. Je ne fais que suivre et c'est si excitant : je rencontre des gens et je vois des merveilles se passer devant mes yeux[248] !»

Laissez passer ce qui passe,
Les êtres ne passent que pour revenir,
Ne vieillissent que pour rajeunir,
Ne se séparent que pour vivre une vie plus vivante.
L'aurore sacrée se lèvera...
Nous nous retrouverons tous,
Ce sera la grande réunion de tout ce qui aura été séparé[249].

L'enfant redécouvert

Lorsqu'il était parmi les étoiles, la Dame de Lumière a montré à Ned des enfants merveilleux qui causaient doucement avec un grand sage. Ils se sont retournés et ont regardé Ned de façon très particulière, avec insistance. Puis, ils sont disparus. À ce moment, Ned a éprouvé une grande peine. Ce qu'il faut savoir, c'est que durant sa vie de noceur, il ne s'engageait jamais trop à fond avec les femmes, car il n'avait jamais voulu d'enfants : il les trouvait trop encombrants et ils auraient freiné ses plaisirs débridés. Mais, avec le nouvel éclairage qu'il reçut de l'autre côté, sa réaction avait complètement changé. Après le pénible épisode avec les enfants mystérieux, on lui montra un petit bonhomme aux yeux bleus qui le regardait avec une grande intensité. Ned en fut touché. Il demanda qui c'était. On lui répondit : «C'est vraiment un fils de Dieu.» C'était en fait l'enfant qu'il allait accepter d'avoir et d'élever. Son nom est Michael et il a aujourd'hui une vingtaine d'années !

---

248. Résumé de *La revue de l'au-delà*, n° 80, déc. 2004, p. 10-14.
249. Hölderlin (1770-1843), du roman *Hyperion*.

En ce qui regarde la famille, la conscience de Ned avait changé radicalement. C'est en raison de cela qu'il a pu écrire ce passage étonnant : « De toutes les expériences de ma vie, la joie d'être père est la plus grande. La leçon capitale que j'ai apprise l'Autre Côté, c'est l'importance d'avoir des enfants. Ils sont nos frères et sœurs spirituels qui, depuis le monde divin, attendent le moment de naître ici-bas. C'est notre rapport avec nos enfants et les expériences que nous avons avec eux qui nous rapprochent le plus de Dieu[250]. »

* * *

Une fois complètement revenu de son aventure bouleversante, Ned a dû réduire considérablement son train de vie. Sa devise d'autrefois – «Celui qui meurt avec le plus de jouets est le gagnant» – était décidément périmée. En fait, il avait perdu tous ses biens et a dû se trouver un emploi comme gardien de stationnement ! De toute façon, les gains et les succès de ce monde n'avaient plus de prise sur lui. Il ne vivait plus que pour sa mission – amener les gens à s'éveiller spirituellement afin d'élever la conscience de la planète et d'épargner ainsi à l'humanité les désastres qui menacent de s'abattre sur elle.

«La prière et la méditation permettront de travailler avec le plan de Dieu et de comprendre ce plan. La prière, pour appeler Dieu, et la méditation, pour recevoir son message. Le monde peut être sauvé non par ses dirigeants, mais par des prières d'individus et de groupes d'une vingtaine. Le destin de l'homme reste entre nos mains et dépend de notre aptitude individuelle et collective à changer notre orientation, en harmonie avec le plan divin. Tel est le message que j'ai été chargé de transmettre[251]. »

---

250. *Fast Lane*, p. 262. Voir mon livre sur les enfants, *L'émerveillement*.

251. *La revue de l'au-delà*, *id.*, p. 14. Rappelons que tout ce que Ned a écrit est en concordance parfaite avec les messages que j'ai reçus des Compagnons du Ciel ; ils ont même affirmé que cela était inspiré directement par le monde de la lumière. D'ailleurs, les descriptions que donnera Imhotep du monde à venir évoquent certaines proposées par Ned.

Le jour où la lumière reviendra

Ce livre a commencé sous l'inspiration d'Imhotep qui, tout au long de ce travail, m'a soutenu et éclairé, de concert avec l'Ensemble des Compagnons du Ciel. Il convient donc pour finir que nous l'entendions dire comment seront les temps nouveaux et la vie de la nouvelle famille humaine qui va bientôt émerger. Ces éclairages ont eu lieu au cours de plusieurs mois, lorsque j'entrais en contact avec l'au-delà à travers une médium, et se sont terminés le 21 octobre 2005. Voici donc en ses termes ce qui se passera dans un avenir très proche.

« La durée de la présente purification sera de 10 années, c'est-à-dire jusqu'en 2015.

La partie la plus dure n'est pas encore passée...

La plupart de l'humanité actuelle va disparaître dans le nettoyage.

Un grand nombre de gens déjà présents vont survivre à cette purification – des gens qui s'ouvrent à la dimension spirituelle.

Il y aura ensuite des mutations dans les continents, préparant les gens qui restent à des vibrations plus élevées.

Les bâtiments et les villes seront détruits pour la plupart.

Et vous verrez que les architectures ne seront plus les mêmes.

L'ère nouvelle durera aussi longtemps que l'ensemble de l'humanité le voudra.

Aussi longtemps que la durée des Atlantes (plus de 100 000 ans).

Vu que vous changerez de dimension, de vibration, vous ne connaîtrez plus ce que c'est que mourir.

Ce sera comme changer de vêtement.

Il n'y aura pas de carnivores, ni chez les animaux ni chez les hommes.

Pas de guerre.

Pas de manipulations génétiques.

Plus de différences de langage : on communiquera par télépathie.

Vous aurez les mêmes dons que les Atlantes : sortie du corps, télékinésie, connaissances des secrets de la matière, etc.

Et vous aurez tout avantage à vous en servir. »

En lui exprimant ma joie et mon anticipation devant ce paradis, Imhotep s'est écrié : «Comme disent les jeunes, c'est *cool*, n'est-ce pas?»

Épilogue

Je suis quelqu'un qui, comme le soleil,
va dans la nuit et revient dans le jour.
Textes des pyramides[252]

Au cours de sa vie, Ned a vécu dans le vide, l'égocentrisme et l'oubli de sa Source, pour en sortir ensuite, pleinement conscient de son destin et de celui du monde. Il a ainsi traversé la purification qui est en même temps l'entrée dans la lumière. De sorte qu'à la fin de son périple, au sommet de sa maturité spirituelle, il peut dire : « Je sais que mon âme est éternelle » – tout comme les Égyptiens l'avaient affirmé au commencement.

Toutes nos incarnations sont des passages de la vie à la mort et de la mort à la vie. Et tout individu qui se dit humain devra un jour le reconnaître. Car nous sommes tous faits pour la lumière. Mais pour y arriver, il faut traverser des ombres et des nuits. Finalement, nous faisons tous le trajet que parcourt le soleil, et comme lui nous restons toujours lumineux, même dans les moments où ça ne se voit pas.

Here comes the sun[253] ! Notre soleil d'aujourd'hui est le même que celui que contemplait l'Égypte il y a 5000 ans. Et la lune, dont la lumière vient d'être éclipsée par l'ombre de la terre, est la même qu'à cette époque lointaine, tout comme les étoiles qui, cette nuit,

---

252. Cité par Christian Jacq, *Le voyage de l'autre monde...*, p. 76.
253. Chanson de George Harrison des Beatles.

me transportent de joie, sont celles où déjà les âmes des Anciens sont parties pour l'éternité. Même cette mystérieuse Sirius qui mesurait pour eux la longue marche du temps, se lève encore avec fidélité pour nous rappeler ce qui dure...

Quant au soleil : on le voit, on ne le voit pas – mais il est toujours là. Comme s'il était au centre et que nous passions devant lui chacun à son tour, parfois de dos, parfois de face. Toujours le même soleil, avec des planètes dansantes et des peuples changeants qui passent devant – comme si on était en admiration devant une grande beauté, suspendue là comme une lampe au milieu de la salle.

Nous sommes toujours dans la lumière – cela ne dépend pas d'elle, mais de nous.

Tout est là, même quand on ne le voit pas : la nuit, les étoiles brillent pendant qu'on dort ; le jour, le soleil brille alors qu'on travaille dans l'ombre ; la nuit, le soleil est effacé, et le jour, ce sont les étoiles. Cependant, ils sont toujours présents, toujours ensemble, toujours lumineux. Comme nous – malgré nos différences, nos distances et nos époques.

* * *

Nous assistons présentement à un enterrement qui est une renaissance. Nous recommençons en neuf, relançant le cycle de la vie, le cycle de l'humanité. Nous reprenons la civilisation à sa naissance, comme lorsque les Atlantes ont mis au monde l'Égypte. C'est une semence que nous portons en nous. Et comme pour toute semence, pour qu'il y ait naissance, quelque chose devra mourir au préalable. Car tout ce qui ne consent pas à mourir ne renaîtra pas.

La mort est notre seule porte
Pour sortir d'un monde où tout meurt.
Marguerite Yourcenar

Nous vivons les heures qui précèdent le lever du soleil. Le soleil invisible va apparaître de nouveau. *Here Comes the Sun* : voici venir le Jour.

Le jour où chacun sera devenu Lumière !

Table des matières

Introduction.. 9

Première partie
La sagesse est au commencement

Chapitre 1
L'éternel retour n'est pas un mythe........................... 17
La sagesse perdue... 17
Les retours éternels dans la tradition de l'Inde.......................... 19
Le *kali yuga*, l'âge final.. 21
Le retour éternel de la nature.. 24
Temps cyclique et temps linéaire....................................... 27
La liberté de l'âme.. 29
On progresse vers quoi?... 31
Progrès ou recul progressif?.. 32

Chapitre 2
Un peuple mystérieux venu du Sud............................. 47
D'où est venue la sagesse de l'Égypte?.................................. 47
La vieillesse du Sphinx... 50
L'Antarctique verte... 52
Des sages venus du Sud... 53

Chapitre 3
La naissance de l'Égypte..................................... 59
Les peuples préhistoriques.. 59
L'Inde.. 60
La Chine.. 61

L'Amérique centrale 62
L'Égypte à sa naissance 65

Deuxième partie
La grandeur de l'Égypte ancienne

Chapitre 4
Un art pour l'éternité

Un art pour l'éternité 69
Un sommet de l'art 69
La sculpture 71
Les peintures murales 73
Les reliefs sur pierre 75
Les temples 75
L'architecture 78
Un voyage dans un temple 79
La grande pyramide 80
Les fausses interprétations 81
La construction des pyramides 82
Un traité de géométrie 84
Une pyramide astronomique 85
La magie du son 88
La forme pyramidale 91
Ce que représente pour moi la pyramide 93

Chapitre 5
La présence de l'invisible

La présence de l'invisible 99
Un Dieu unique 99
Des dieux qui n'en sont pas 101
Le soleil 102
Les étoiles 103
La fonction, non l'animal 104
Anubis le chacal 105
Horus le faucon 106
Le serpent 106
L'œil d'Horus 106
Le pharaon 107
La place des animaux 110
Le culte d'Osiris 111
La vie de l'au-delà 113

Le voyage de l'âme 114
Une religion élitiste? 115
La leçon d'Akhénaton (−1352 à −1336) 117

Chapitre 6
L'harmonie 123
La connaissance du cœur 123
Les vibrations sonores 125
La justesse 126
Viser juste 127
Agir avec justesse 129
L'attention aux autres 131
L'honneur dû à la femme 132
Le respect du bien d'autrui 133
La droiture du cœur 133
La maîtrise de soi et l'équilibre 134
La relation avec l'invisible 135

Troisième partie
Le commencement naît de la fin

Chapitre 7
La vie qui ne s'arrête pas 139
Le message de Ned 145

Épilogue 159